捕捉
孩子敏感期

吴景岚　编著

天津出版传媒集团

天津科学技术出版社

图书在版编目（CIP）数据

捕捉孩子敏感期 / 吴景岚编著 . -- 天津 : 天津科学技术出版社 , 2021.7
　　ISBN 978-7-5576-9514-9

　　Ⅰ . ①捕… Ⅱ . ①吴… Ⅲ . ①儿童教育—家庭教育 Ⅳ . ① G782

中国版本图书馆 CIP 数据核字（2021）第 129876 号

捕捉孩子敏感期
BUZHUO HAIZI MINGANQI

策划编辑：杨　譞
责任编辑：杨　譞
责任印制：兰　毅

出　　版：	天津出版传媒集团
	天津科学技术出版社
地　　址：	天津市西康路 35 号
邮　　编：	300051
电　　话：	（022）23332490
网　　址：	www.tjkjcbs.com.cn
发　　行：	新华书店经销
印　　刷：	北京市松源印刷有限公司

开本 880×1 230　1/32　印张 7.5　字数 170 000
2021 年 7 月第 1 版第 1 次印刷
定价：36.00 元

前言

PREFACE

"儿童成长的敏感期"这个概念,是著名的儿童心理教育专家蒙台梭利首先提出来的。所谓敏感期,是指在孩子0至6岁的这个成长过程中,孩子出于自身发展的内在需求,会突然对某种特定的事物或者事情产生浓厚的兴趣,甚至表现出一种狂热的态度,直到孩子内心的需求得到满足、敏感度下降或者被人为地阻止的这样一个成长阶段。如果孩子能够顺利通过敏感期,孩子的心智水平便会从一个层面上升到另一个层面。因此,有些儿童教育专家将敏感期称为学习的关键期或者教育的关键期。

但是,并不是每一位家长都能了解孩子全部的敏感期,就算知道孩子处于某一个敏感期,也可能不知道该怎样对待处于这个敏感期的孩子。比如,新生儿喜欢看的是黑白相间的物体,可是许多父母喜欢拿着彩色的玩具给孩子看，以为这样可以促进孩子视觉的发展；孩子在某一段时间迷上了看蚂蚁，妈妈觉得不耐烦就强行制止孩子的行为，结果孩子长大之后对细节十分不在意；对于孩子的"你的就是我的，我的还是我的"，许多父母觉得孩子太过自私，却不知道这是孩子建立自我意识的开端……

每一个敏感期的孩子的兴趣和表现都会不一样，有些敏感期在错过之后还能弥补，但是有很多敏感期错过了就再也无法弥补了。就算有的敏感期还会再次出现，但是也只是会让孩子得到心理的满足，已经不具有提升孩子心智的能力了。

敏感期对于孩子的成长和发展十分重要，那么父母应该怎么做才能让孩子顺利度过这段时期呢？又如何判断孩子进入了哪一个敏感期呢？到了相应的敏感期，父母该如何做，才能让孩子既能顺利度过这个敏感期，又能得到心智的发展呢？

为此，我们特地编写了本书，从孩子出生开始，一直到6岁，将这段时期关乎孩子成长的敏感期呈现在父母面前。本书采取理论与案例相结合的方法，并从心理学的角度解释孩子出现某种行为的原因，让父母更加直观地辨别孩子的敏感期，同时为父母提供应对孩子不同敏感期的科学对策，让父母可以抓住孩子的每一个敏感期，也就是抓住孩子每一次成长的机会。

希望父母通过本书，能够陪伴孩子一起顺利度过每一个敏感期，为孩子的未来成长奠定坚实有力的基础，并能够陪伴孩子健康、快乐地成长。

目录

第一篇
0 至 2.5 岁，孩子出生就有敏感期

第一章 视觉敏感期——新生儿对明暗相间的事物
　　　　非常感兴趣 / 002
　　解读孩子的视觉敏感期 / 002
　　用眼睛认识这个新奇的世界 / 005
　　视觉敏感期对孩子具有重要意义 / 008
　　为孩子提供科学的视觉环境 / 011

第二章 听觉敏感期——喜欢处在有声音的环境中 / 013
　　婴儿一出生就具有听觉能力 / 013
　　用科学的方法让宝宝听力更好一点 / 016
　　孩子更喜欢听"妈妈腔" / 020

第三章 口腔敏感期——开始用口认识世界 / 023
    解读孩子的口腔敏感期 / 023
    用嘴巴"尝尝"这个世界 / 026
    喜欢吃手的孩子 / 029
    孩子喜欢张口就咬 / 032

第四章 手的敏感期——用手探索环境、感知世界 / 036
    解读孩子手的敏感期 / 036
    用小手触摸世界 / 040
    孩子见人就伸手打 / 043

第五章 行走敏感期——乐此不疲地来回走 / 047
    解读孩子的行走敏感期 / 047
    行走敏感期对孩子成长的重要性 / 050
    喜欢爬楼梯的孩子 / 054
    让孩子顺利度过行走敏感期 / 056

第六章 语言敏感期——一遍又一遍重复他人的话 / 060
    解读孩子的语言敏感期 / 060
    通过重复和模仿让孩子学习说话 / 063
    孩子爱上了骂人、说粗话 / 067
    孩子说话有点口吃 / 070

第二篇
2.5 至 3 岁，关注孩子的敏感期

第一章 自我意识产生的敏感期——"我的，
　　　 什么都是我的" / 074

　　　解读孩子的自我意识敏感期 / 074

　　　孩子似乎有点"自私" / 077

　　　"不"成了孩子的口头禅 / 081

　　　孩子的"自我中心" / 084

第二章 空间敏感期——喜欢在凳子上爬上又跳下 / 088

　　　解读孩子的空间敏感期 / 088

　　　父母不要干涉孩子的探索 / 091

　　　对孔情有独钟 / 094

　　　垒高成了孩子的新游戏 / 097

第三章 秩序敏感期——需要一个稳定且有秩序的环境 / 101

　　　解读孩子的秩序敏感期 / 101

　　　孩子乐于给物品找主人 / 105

　　　不合要求就要重来 / 107

第四章 模仿敏感期——大人做什么，孩子也跟着做什么 / 111

　　　解读孩子的模仿敏感期 / 111

　　　模仿是孩子成长的阶梯 / 114

　　　警惕孩子染上"模仿瘾" / 117

第三篇
3至4岁，理解孩子敏感期的行为

第一章 执拗敏感期——孩子不可理喻地胡闹 / 122

  解读孩子的执拗敏感期 / 122

  孩子总是与父母对着干 / 124

  孩子似乎有点暴力 / 127

  孩子就是不洗手 / 130

第二章 审美和完美的敏感期——每件事情都不能出错 / 134

  解读孩子的审美和完美敏感期 / 134

  让孩子认识真正的美 / 137

  这个时期可以培养孩子的审美观 / 141

第三章 色彩敏感期——开始在生活中寻找不同的颜色 / 144

  解读孩子的色彩敏感期 / 144

  色彩对孩子的智商、情商和性格都有影响 / 147

第四篇
4至5岁，和孩子一起度过敏感期

第一章 出生和性别的敏感期——"我是从哪里来的" / 152

  解读孩子的出生敏感期 / 152

  解读孩子的性别敏感期 / 155

  让孩子正确认识自己的性别 / 160

第二章　身份确认敏感期——开始崇拜偶像 / 164

　　解读孩子的身份确认敏感期 / 164

　　理解孩子这一时期的心理 / 168

　　偶像可以让孩子越变越好 / 171

第三章　绘画敏感期——从胡乱画到有章法 / 173

　　解读孩子的绘画敏感期 / 173

　　绘画敏感期的发展过程 / 177

　　让孩子自由地绘画 / 181

第四章　音乐敏感期——孩子天然的语言表达形式 / 184

　　解读孩子的音乐敏感期 / 184

　　为孩子创造良好的音乐环境 / 187

第五篇
5 至 6 岁，让孩子在敏感期自由成长

第一章　书写与阅读敏感期——对文字符号产生兴趣 / 192

　　解读孩子的书写与阅读敏感期 / 192

　　没人看得懂的文字 / 195

　　孩子爱上了阅读 / 198

第二章　数学敏感期——对数的序列以及概念之间的关系

　　　产生兴趣 / 203

　　解读孩子的数学敏感期 / 203

学习数学要循序渐进 / 205
　　学习数学的误区 / 208
第三章 社会规则敏感期——懂得共同建立和遵守规则 / 212
　　解读孩子的社会规则敏感期 / 212
　　破坏规则会让孩子非常痛苦 / 214
　　不要强迫孩子做违背规则的事 / 217
第四章 文化敏感期——汲取各种科学文化知识 / 221
　　解读孩子的文化敏感期 / 221
　　孩子成了"十万个为什么" / 224

第一篇

0至2.5岁，孩子出生就有敏感期

第一章
视觉敏感期
——新生儿对明暗相间的事物非常感兴趣

○ 解读孩子的视觉敏感期

敏感期,也称为关键期,是指有机体早期生命中某一短暂阶段内,对来自环境的特定刺激特别容易接受的时期。在此期间,大脑对某种类型的信息输入产生特定反应,以刺激或巩固神经网络的发展。换句话说,敏感期一般指的是在0至6岁的成长过程中,孩子受内在生命的驱使,在某个时间段内,专注于环境中某一事物的特质。我们常常会看到孩子在某一阶段会不断重复做一件事,这可能就是因为敏感期到了。当孩子平稳地度过这个敏感期之后,就能顺利地进入下一个敏感期了。

视觉是新生儿身上最不成熟的感觉。孩子在出生以后,眼睛和大脑中的视觉结构仍然在继续发育。虽然视觉发育的时间比较久,但是孩子以后的很多敏感期,都要依赖于视觉的发展。

涵涵一个半月大时,在吃奶时不再是总闭着眼睛了,而是会固定地看着某一个方向。有一次,涵涵的妈妈顺着她的视线看过去,发现她正在看饮水机,妈妈以为涵涵是对饮水机上的

花布感兴趣,于是就把那块花布拿走了。即使拿走了花布,涵涵还是看着饮水机的方向。原来涵涵看的不是花布,而是饮水机投在白墙上的影子。

涵涵3个月大,在吃奶的时候,已经不会再像从前一样专

发展孩子的视力

刚刚出生的孩子,他们的眼球构造虽然正常,但是功能很差,必须通过反复地看、观察,不断接受外界光线和物体形象的刺激,才能使其视觉能力逐步成熟。

1 尽早给孩子刺激

孩子刚出生时能够看清近处的物体,因此,父母可以适当给孩子看一些黑白的物体来刺激孩子的视觉。

2 对孩子进行视觉训练

尽可能为孩子提供对比度强、色彩明艳、形状各异的物品,有效促进孩子大脑视觉神经系统的发育。

父母可以给孩子看一些移动的物品,这样有助于孩子空间感觉的建立。父母在给孩子看某一件物品的时候,也可以给孩子讲讲有关物品的颜色、用途等知识。

心了，而是会不停地这儿看看，那儿瞅瞅。当妈妈拿着某个物品在涵涵面前不停地晃动时，涵涵就会一直盯着这个物品看，有时还会咯咯咯地笑起来。从这以后，涵涵就对活动的物体非常感兴趣，就算是风吹得窗帘晃动，涵涵也会看上好长时间，直到累了才会闭上眼睛睡觉。

孩子出生后，一方面，新生儿的晶状体肌肉很虚弱，随物体距离不同而调节眼睛聚焦的能力非常有限；另一方面，新生儿的视网膜、视神经和其他视皮层传送信息的通路还需要几年才能发育成熟，所以新生儿看东西很不清楚。尽管他们看到的父母的面容只是模糊的图像，但他们会运用有限的视觉能力对环境进行探索。

如果拿某个物品在新生儿眼前晃动，他们能够盯着这个物品并随着手部的移动而追视这个物品。而且亮度不同，孩子做出的反应也不同。

新生儿的视觉能力发展很快，到了8个月大的时候，其大脑活动区域与成年人看到同样图像时的大脑活动区域几乎一样。这说明此时孩子已经具备了很多视觉能力，比如轮廓、色彩、距离、体积以及让他头晕的深度知觉。

当然，这并不等于说孩子的视力到这个时候就完全发育好了。有关眼科专家说，如果孩子在两三岁以前视觉发育的关键时期遇到阻碍，譬如度数的屈光不正或患上一些眼病，就会使外界的光线与物体对眼的刺激受阻，时间长了就会影响孩子视觉的成熟,从而造成弱视。

○ 用眼睛认识这个新奇的世界

刚刚出生的婴儿,虽然心理完全处于不成熟的状态,但是已经开始有了心理需求,他们能够感受到光亮,也十分渴望看到光,那么,婴儿是怎样感觉到光的呢?在黑暗的隧道尽头,一个光点出现了。在黑暗中,这个光点显得格外奇妙、明亮和有意义。光点逐渐变大,但它依然在黑暗中,强烈的光明与黑暗对比,使得这一点光充满了意义。直到光明完全吞噬黑暗,就好像一下子扑进光的怀抱中,光明包围了婴儿。婴儿扑到了光里,进入了另一个世界。

刚出生的婴儿,会到处寻找淡淡的阴影和阴影的边界。随着时间的推移,婴儿很快就能寻找到生活中那些明暗相交的地方:一幅画、窗帘或者书柜里的书产生的那些明暗相交的地方,婴儿会高度投入地一直注视着那些地方,直到疲倦为止。而不是人们想当然认为的那样,以为婴儿喜欢彩球等颜色鲜艳的东西。

到过琪琪家的人都会发现她家卧室的墙上贴满了CD,连很久之前的都会展示在墙上。许多人不理解:琪琪的爸妈为什么要这样装饰墙壁?琪琪的妈妈每次都会笑着对大家说:"还不是因为我们家琪琪爱看嘛。"

原来才4个月大的琪琪最近十分调皮,她总是要让妈妈抱

新生儿的视力发育过程

心理学研究表明,在视觉敏感期,黑白对比明显的物体以及运动的物体等,最容易吸引和维持孩子的注意力。

孩子的视觉能力最早表现为对光的敏感。但是,强光对孩子眼睛的发育是有害的,所以不要用强光刺激孩子的眼睛。

在这之后,孩子开始对黑白相间的物体感兴趣,反而不喜欢花花绿绿的玩具。

随后,孩子开始能看到远处的物体,视线范围不断扩大。

其实,这个时期是父母锻炼孩子视力和认知能力的最佳时期。因为此阶段的孩子会长时间盯着某个事物看,这种专注的精神和注意力,正是孩子锻炼认知能力的基础。

着她到卧室外面去玩。妈妈就抱着琪琪在客厅玩，后来又带她去其他房间，每进入一个房间，刚开始琪琪都十分开心，可是过不了一会儿，她就会厌烦，开始哭闹。有一次，在琪琪哭的时候，爸爸随手拿起了抽屉里的一张CD在她眼前晃，结果琪琪立刻就被吸引了，竟然盯着看了十多分钟！并且以后每次看到CD，琪琪都会露出满意的笑容。

因此，琪琪的爸爸就想了一个办法，把家里的CD都找了出来，贴在卧室的墙上。这样，每当抱起琪琪的时候，她就可以轻而易举地看到了。当然，为了增加新鲜感，爸爸妈妈还经常把CD拼成不同的形状，因此，琪琪对这些CD百看不厌。

琪琪之所以会对光盘感兴趣，是因为她正处于视觉的敏感期。在这个敏感期中，孩子对对比强烈的事物感兴趣，对运动的事物感兴趣，而光盘恰恰能满足孩子的这一心理需求。因为从不同的角度来看，光盘常常会呈现出不同的颜色、明暗，并且能像投影仪一样折射出不同的物体，所以，琪琪才会长时间被这些光盘所吸引。

孩子起初对世界的认识绝大部分是通过眼睛认识的。在孩子刚刚来到这个世界的时候，孩子的视觉能力还没有完全发育好，随着年龄的增长、大脑的发育以及心理的不断成熟，孩子对世界的探索欲望会更加强烈，而对世界的探索始终离不开视觉。

婴儿视觉的敏感期，是指孩子在出生时唤醒的脑内神经元所做的工作,或者说,这是一种脑内神经元的完全建构工作,所以这个时候,孩子的视觉从不会偏离生活环境中阴暗相交的地方。这个过程结束之后,视觉将在孩子出生后前6年中发挥意想不到的作用,有的教育家甚至认为孩子对外在世界的认知靠的就是一双大眼睛,这样的说法实际上就是为了强调视觉对孩子的重要性。

实际上,对于一个只有半岁的新生儿来说,尽管他同时具备其他的感觉能力,比如听觉、触觉、味觉等,但是在头半年的发展中,视觉和味觉就像一首交响乐的主旋律一般,起着至关重要的作用。

○ 视觉敏感期对孩子具有重要意义

哈佛大学的戴维和托斯特对视觉的敏感期十分感兴趣。他们发现了一个有一只眼睛患有先天性白内障的孩子,在手术成功之后仍然无法复明,于是他们就做了一个模拟实验:同时把一只新生的小猫和一只成年猫的眼皮缝上。经过一段时间后,再将线拆开。实验的结果是这样的:小猫的眼皮在拆线后,眼睛处于失明状态;成年猫在拆线后,眼睛随即恢复正常视力。为什么同样的情况下,刚出生的小猫会失明呢?这是因为小猫脑内负责处理这只眼睛的视觉信息的神经元不能和其他神经元建立联系,或者说,负责处理失明的这只眼睛的视觉信息的神经元即使与其他神经元建立了联系,也只是帮助另一只眼睛传递视觉信息。

这个实验十分形象地向我们表明:人在早年的某个特定阶

段,脑内的神经元需要适宜的环境条件,以便使其与其他神经元发生联系。否则,大脑的发育会受到永久性的影响。由此可见,能否抓住孩子视觉发展的敏感期,是一件关系到孩子能否看到这个世界的大事情。

乔乔的妈妈给乔乔买的婴儿床是可以调节倾斜度的,当乔乔4个月大的时候,妈妈就常常让孩子与地面呈30°角倾斜躺着,这样是为了让孩子能够看到周围环境中更多的事物。

当然,为了锻炼乔乔的视觉能力,除了在她的床头上方挂着一些小玩具之外,妈妈还特意买了一个特殊的洋娃娃。与一般的娃娃相比,这个洋娃娃就像是动画片《大头儿子小头爸爸》中的大头儿子,它的头很大,但是身子很小。妈妈常常用这个洋娃娃来教乔乔认识人的五官。比如,妈妈会指着娃娃的鼻子对乔乔说:"乔乔你看,这是鼻子,妈妈和乔乔都有鼻子。看看,这是妈妈的鼻子。"之后,妈妈就会指指自己的鼻子,然后再指着乔乔的鼻子说:"这是你的鼻子。"每当这个时候,乔乔就会一边笑一边"啊啊"地回应妈妈。

良好的视觉能力对于孩子的未来具有十分重要的意义,拥有良好视觉能力的孩子,他们在日后的生活与工作中,能够观察细微、判断精确、分析明确、记忆牢固、反应迅速,从而在语言文字、书画艺术、科学研究、经营管理等领域取得突出的成绩。但

锻炼孩子的视力

1岁前,给孩子视觉刺激的物体不宜过小。

1岁以后,可以给孩子一些比较精细的玩具或物品刺激,因为此时孩子的成像发育已经成熟。

2岁以后,开始阅读并理解阅读的内容,不过还是要父母代为阅读。

3岁左右,可以带孩子到眼科进行视力检测,保证孩子的视力发育正常,如果不正常,应及时矫正和诊治。

视力会影响孩子的一生,对此家长一定要引起重视。在孩子处于视觉敏感期的时候,加强对孩子的锻炼,点亮孩子的未来。

是，孩子的视觉能力并不是生来就完备的，而是需要进行科学的训练培养，这样，孩子才能看得更清楚、更远，观察得更敏锐，为未来的发展奠定坚实的基础。就像例子中乔乔的妈妈一样，随着孩子的成长适时训练孩子的视觉能力，这样才能让孩子更好地成长。

○ 为孩子提供科学的视觉环境

在1岁之前，孩子除了睡觉之外，都在积极地运用视觉器官观察周围的环境，这个时期的孩子由于心理还没有发育成熟，虽然会有视觉上的需求，但是视觉器官运动不够协调、不太灵活，绝大多数孩子的视力呈远视型。当他们仔细观察某一事物时，常常会出现一只眼睛偏左、一只眼睛偏右或者两只眼睛对在一起的情况。

因此，为了丰富孩子的视觉感受，大人要把悬挂在孩子床前的玩具经常换一下位置。并且，玩具的体积应该稍微大一点儿并且最好是有声音的。如果孩子正处于视觉敏感期，那么可以在房间中放一面镜子，这是培养孩子视力以及发展孩子认知能力的最好的工具。

陶陶6个月大的时候，妈妈在陶陶的床头挂了一面镜子。妈妈发现，陶陶经常会翻过身去，抬头"欣赏"镜子中的自己。正是因为这面镜子，陶陶翻身以及抬头的能力明显比同龄的孩子要强。

在陶陶 7 个月大的时候,每当看到镜子中的自己,他都会十分兴奋,并挣扎着要去摸镜子。这个时候,妈妈就会指着镜子里面的孩子对陶陶说:"宝贝,镜子里的宝宝是谁呀?我们跟他打个招呼吧!"

当陶陶再大一点儿的时候,每当妈妈抱着陶陶照镜子,妈妈就会这样对陶陶说:"你看,镜子里面的小宝宝的鼻子多可爱呀,你的小鼻子在哪里呀?"当陶陶去指自己的鼻子时,他就会惊奇地发现,镜子里面的宝宝也在指着自己的鼻子。这样的情况多了,陶陶就意识到镜子里面的宝宝就是他自己,并大概了解了镜子的功能。

可想而知,在这个过程中,陶陶的视觉以及认知能力会得到很大程度的发展。所以,在孩子的视觉敏感期,父母一定要利用好镜子这个工具,以此来提升孩子的整体感知能力。

1岁之后,孩子的视觉器官逐渐发育成熟,视敏度也随着孩子年龄的增长而发展。这个时候,爸爸妈妈可以选择一些能提高孩子视敏度、能帮助孩子辨认颜色、能发展手眼协调能力的玩具和游戏,和孩子玩"什么东西不见了"这样的游戏。这种游戏就是将几种颜色和形状不同的玩具放在桌子上,让孩子先观察一段时间,记住桌子上物品的种类,然后闭上眼睛,这个时候,爸爸妈妈可以拿走桌子上的一两件玩具,然后让孩子看看桌子上少了什么,这样可以培养孩子的注意力和视觉敏感度。

第二章
听觉敏感期
——喜欢处在有声音的环境中

○ 婴儿一出生就具有听觉能力

刚刚出生的婴儿已经具备了一定的听力。在这一时期,如果父母有意识地对孩子进行听觉刺激,孩子的听觉能力就会迅速提高。

确切来说,宝宝在母体内就已经能够感受到声音了。例如,他们能感受到声音的强弱、音调的高低,而且他们特别喜欢轻柔的音乐。

许多妈妈都会遇到这样的状况:新生儿突然不明原因地哭泣,不是饿了,也不是尿了,可是孩子就是不停地哭,怎么哄都哄不好,对此,新手妈妈束手无策。而经验丰富的妈妈懂得孩子的心理需求,她们常常会这样做:把宝宝抱起来,并让宝宝贴近自己的左侧胸部靠近心脏的地方,用不了多久,宝宝就会停止哭泣并安静下来。为什么会出现这样的情况呢?

其实,这除了说明宝宝一出生就具有一定的听觉能力之外,还说明宝宝对熟悉的声音有感知。因为宝宝还在母体中时,他们的听觉环境就已经非常丰富了,是妈妈有节奏的心跳声、肚子里的咕噜声等伴随着他们成长的。离开母体后,外界这个全新的听觉环境对宝宝来说十分陌生,这常常会使宝宝的内心产生不安情绪,所以他们才会哭泣。而妈妈抱起宝宝,有意让宝宝倾听自己的心跳声时,这个熟悉的声音在很大程度上能够安抚宝宝不安的心理情绪,从而让宝宝停止哭泣,渐渐安静下来。

薇薇两个月大的时候,妈妈在薇薇的右耳约10厘米处摇晃一个小铃铛,这时,薇薇的头就会转向右边,接着眼睛开始寻找这个发出声音的物体。然后她会盯着这个铃铛看,妈妈每次都会对她说:"薇薇,你看看这是什么呀?妈妈告诉你哦,这个叫作小铃铛,是不是很好听啊?"

薇薇看一会儿就觉得不新鲜了,眼睛会转到其他地方,这时妈妈就会在她的左耳边再次摇一摇小铃铛,她的头又转向左边,眼睛重新开始寻找小铃铛。这样反复几次后,妈妈会让薇薇休息一会儿。几乎每天,妈妈都会这样做,希望以此锻炼她的听觉能力。

拥有正常的听力是孩子进行语言学习的前提和基础。一般来说,听力正常的孩子在4至9个月,最迟不超过11个月大时就已经会牙牙学语了。但是,存在听力障碍的孩子由于缺少语言刺激和感知环境,常常不能在11个月前进入牙牙学语期。3岁之前是孩子的学习语言的敏感期,如果孩子不能在这个重要的敏感期接受语言刺激,那孩子就很有可能变成一个聋哑儿童,足见听觉能力

在家里如何为孩子提供多种声音刺激

在家里,父母可以有意识地制造有声音刺激的环境,以促进孩子听力的发育。

用玻璃瓶装上水,拿一根粗吸管向水里吹气,制造咕噜咕噜的声音,模仿羊水的咕噜声,会给孩子带来安全感。

在阳台上挂一个风铃,抱着孩子去碰,或者有风时打开窗户,让风铃在风中摇摆,让孩子感知风铃的声音。

给孩子买一些可以发出声音的玩具,比如拨浪鼓、沙锤、八音盒等。

当然,父母也可以给孩子放一些轻柔的音乐。其实,居家过程中自然的嘈杂声是锻炼孩子听力的最好课堂。

对孩子的重要性。所以，父母必须在孩子生命的最初期就对孩子进行听力测试，以便能及时发现孩子的听觉问题并及时处理，保障孩子具备良好的听觉能力，为孩子将来的语言学习奠定基础。

医院可以为新生儿进行听力筛查，一般宝宝出生72小时后就可以做听力筛查了。有的父母过于急躁，要求在新生儿刚出生的时候就给孩子做筛查，由于分娩过程中新生儿的耳朵里可能还存有未被清除的分泌物，这样就会对筛查结果产生影响。

当然，并不是没有通过听力筛查的婴儿都是有听力障碍的，因为导致新生儿初筛没有通过的原因有很多，比如新生儿耳朵中可能有羊水等残留物，或者是周围的环境过于嘈杂等，所以需要在孩子出生一个月后进行复筛。即使新生儿通过了筛查，出生后3年内每6个月也应随访一次。

○ 用科学的方法让宝宝听力更好一点

丰富的居家声音环境是刺激孩子听力发育的天然资源。家人的日常活动会产生各种声音，比如走路声、开门关门的声音、水龙头的流水声、刷牙的声音、说话的声音等，所有来自环境的声音对孩子都是十分有益的声音刺激。因此，父母要让孩子有机会听到这些正常的声音，接受来自自然界的这些刺激，而不是将孩子封闭在一个幽静的环境中。

另外，由于孩子还小，不会表达自己的内心感受，因此父母只能通过对孩子的了解以及孩子的动作等来判断孩子的心理需求。这个时期的孩子虽然小，但是每个小孩子都是有自己的心理需求的，对于听觉也是一样，悦耳清脆的声音孩子会喜欢，而高分贝的噪声刺激则会让孩子烦躁不安。所以，父母要根据孩子的心理，依据科学的方法，让孩子的听觉能力得到提升。

琳琳3个月大时，经常莫名其妙地哭闹。刚开始，妈妈以为琳琳饿了，就给她喂奶。但是，琳琳往往是吃奶后不到5分钟，就又哭闹起来。没办法，妈妈只好把琳琳抱起来，在房间里来回走。这个方法挺有效的，每当妈妈抱着琳琳走的时候，她就会安静下来。

但是，只要妈妈把琳琳放下，或者是妈妈走累了站着没有动，琳琳就又哭闹起来。妈妈心想：这也不是办法呀，总不能这样一直走吧，得想一个既轻松又能吸引琳琳注意力的方法才行。

有一次外出，妈妈给琳琳买了一个漂亮的电子小泰迪狗，身上还穿着衣服，只要捏一下小泰迪的前脚，小泰迪就会一边晃动一边唱歌，音乐还会变化。于是，每当琳琳一哭闹，妈妈就给琳琳看这个小泰迪，琳琳总是马上就被玩具的声音吸引过去，接着就会盯着泰迪看，还会高兴得手舞足蹈，也就不再哭闹了。

自从有了这个玩具，琳琳哭闹的次数明显少了，妈妈也不用一直抱着琳琳来回走了。

例子中琳琳妈妈的做法非常科学。对于3个月大的孩子来说，悦耳的音乐和漂亮的物品的确能够吸引他们的注意力。因此，为了训练孩子的听觉能力和视觉能力，父母可以利用各种能够发声的漂亮玩具，比如音乐盒、摇铃、拨浪鼓等，来刺激孩子的听觉和视觉。当然，对于新生儿来说，摇铃和拨浪鼓的声音强度太大，不是很适用。因此，新生儿父母应选择声音强度小的物品来刺激孩子的听觉。

也许对于成年人来说，可以忽略一些嘈杂的声音，并能在嘈杂的声音中听到自己希望听到的声音。这是因为，成年人具备选择声音和忽视声音的能力。但是，由于孩子小，心理发育不成熟，还不具备这样的能力。等孩子1岁以后，随着他们注意力集中时间的延长，父母可以有意识地培养孩子的这种听觉能力，让孩子的听力"更上一层楼"。

比如，在给孩子讲故事的时候，把电视机也打开，开始的时候把电视声音调小，等孩子适应这样一个背景音的时候，再把电视声音调大一点儿，直到与讲故事的声音分贝差不多为止，锻炼孩子这种可以忽视电视声音，选择故事声音的能力。当然，在进行训练的时候要注意，当孩子被电视的声音和画面所吸引，出现一种烦躁的心理情绪，不能专心听故事的时候，父母要立刻关掉电视。因为在这样的情况下，孩子的注意力不在故事上，如果父母继续讲下去，很容易使孩子养成不专注的坏习惯。

另外，给孩子听听音乐，或者多带孩子出去感受自然，听一

科学锻炼孩子的听力

> 宝宝,妈妈给你换尿布了,现在,要放上了。

1 家人多和孩子讲话

特别是妈妈和孩子讲话,可以增加孩子的安全感和满足感。

2 在孩子耳边摇晃小铃铛

不过不能太刺耳,要慢慢摇晃出清脆的声音,以此来刺激孩子的听觉。

3 利用各种能发声的漂亮玩具

强调漂亮,是因为孩子听到声音去找的时候,可以同时刺激孩子的视觉,让听觉和视觉协调发展。

4 给孩子机会聆听外面的世界

大自然是最丰富的课堂,能够赐予孩子无限学习和探索的可能。

其实,丰富的声音环境是锻炼孩子听力的最好资源,父母应该尽可能多地让孩子听到不同的声音。

下大自然的声音等,都可以促进孩子听觉能力的发展。只要父母多关注孩子的听觉,有意识地选择一些科学的方法训练孩子,孩子的听觉能力就会有所提升的。

○ 孩子更喜欢听"妈妈腔"

什么样的声音能让孩子听得开心?答案是:妈妈的声音。因为孩子是在妈妈肚子里听着妈妈的心跳声长大的,而且在怀孕的过程中,许多妈妈通过与宝宝交谈进行胎教,所以孩子最喜欢也最安心的当然就是妈妈的声音。因此,当妈妈给孩子喂奶、换尿布、洗澡时,别忘了运用合适的语言和语调,这样,孩子也会更配合一些。在这种交流中,孩子就会产生依恋妈妈的情感,孩子的心理也会有满足感和安全感。

所谓"妈妈腔",就是指一种被许多妈妈发现和使用,并能促进孩子听力能力以及智商提升的说话腔调。对于孩子来说,当人们用"妈妈腔"来与他们讲话的时候,他们就会感到亲切,很容易得到心理的满足。这对于3岁以下孩子的语言发展、大脑发育、心理成长等都有重要意义。所以,妈妈在与孩子进行交谈的时候,尽量多使用这种语调。

依依从出生开始都是妈妈带。依依还不会说话时,妈妈就经常和她"交谈",当然是只有妈妈自己说了。刚开始的几个月,每次给依依吃奶,妈妈就会说:"依依,吃饭喽,吃饭。"在换尿布的时候，妈妈会告诉依依："依依，抬屁股，好的，现在放下喽。"就这样，无论做什么，妈妈都会和依依交谈。后来，孩子慢慢大一点儿了，虽然还是不会说话，但是已经能对妈妈说的话做出回应了。例如，妈妈笑着逗她的时候，她也会咯咯咯地笑。

依依说话的时间比较早，在10个月的时候，会说简单的一个字了；在1岁的时候，会喊很多称呼；在1岁半的时候，像小大人一样能和妈妈对话了。当然，她们的对话在外人看来十分幼稚，但是母女两个却十分开心。依依见到什么都会问妈妈，有天见到一辆洒水车，依依第一次见，就指着洒水车问妈妈："妈妈，车，什么车？"妈妈说："这叫洒水车，洒——水——车。"依依马上就开始对着别人说："看，这是洒水车。"

其实，所谓的"妈妈腔"就是说话的时候要考虑到孩子的年龄，了解他们的心理发展水平，知道他们大概可以理解什么样的语言，并在说话的时候能够抑扬顿挫、字正腔圆，这样，孩子才能听得清楚。值得注意的是，由于孩子的理解能力还不强，所以妈妈在说的时候，要尽量慢一些，多重复一下，让孩子慢慢理解，这样，孩子在听清楚并理解之后，就会有意识地开始模仿大人说的内容，从而不仅能提升孩子的听觉能力，还能促进孩子语言能力的发展。

有的人觉得，"妈妈腔"的语言有些太过幼稚，会让孩子养成不良的说话习惯——这个观点是错误的。"妈妈腔"与那些

"妈妈腔"的特点

发音清晰　　语速放慢　　适度重复　　语句简短

小——裙——子。　　小裙子！

这是书！　　宝贝,这是书,是书,一本好看的书,书。

当然,这个年龄的孩子还不能理解抽象的东西,比如说"想""喜欢"等字词的意义,因此,在说话的时候,应尽量说一些具体的内容,而不说孩子不能理解的抽象的内容。

幼稚的儿童语言是有区别的。幼稚的儿童语言可能会故意把"是的"说成"系的",把"盘子"说成"盘儿"等,这的确是不良的说话习惯。而"妈妈腔"是把复杂的话说得简单一点儿、说得亲切一点儿,它的主要作用是易于孩子理解、接受,并引起孩子的倾听兴趣,还能够促进孩子的听觉能力以及语言表达能力的发展。所以,"妈妈腔"只会促进孩子整体智力和心理的发展,并不会让孩子养成不良的说话习惯。

第三章
口腔敏感期
——开始用口认识世界

○ 解读孩子的口腔敏感期

孩子的口腔敏感期在半岁左右来临,他们首先要使口的功能建立并独立起来,其次才用口来认识世界。到了这个阶段,孩子由于心理上好奇的需求,就会热衷于用口去品尝、感知事物。这个过程不单单是用口吃东西,满足生理上的需求,孩子还会用口去感知遇到的食物,以此认识食物,积累感觉经验,从而满足心理上的需求。

青青3个月大了,最近,这个小家伙突然对自己的手很感兴趣,没事就把手放进嘴里不停地吮吸,就好像手上有蜂蜜一样。有时,由于衣服穿得太厚,青青没有办法把手伸进嘴里,她就会急得哇哇大哭。当爸爸妈妈帮她把小手放进嘴里的时候,青青就会很高兴、很满足地手舞足蹈起来。

妈妈觉得这样吃手实在是不卫生,就会在青青的手里放一些比较容易抓住的橡胶玩具,希望她把注意力转移到玩玩具上。但是,青青拿过橡胶玩具之后,不是扔了然后继续吃手,就是直接把玩具放进嘴里吃,这让妈妈感到十分无奈。

等青青稍大一点儿,可以自己拿玩具玩的时候,就完全成了一个"小吃货"。当然,她并不是饿了,也不是馋了,因为妈妈给她饼干、水果之类的东西,她并没有吃到肚子里,而是一直放在嘴里,过一会儿就会吐出来。玩具也是一样,不管拿起什么,看都不会看一眼,直接放在嘴里。妈妈总是跟别人抱怨青青这样做很不卫生,但是后来才知道,不只是青青会这样,几乎这个年龄的宝宝都这样"爱吃"。

除了这些年龄小一点儿的孩子外,一些2岁的孩子在咀嚼一些食物(比如馒头、面包或较硬的水果)时,口型和咀嚼方式很像老年人,牙齿无力。显然,2岁以前他们吃的食物几乎都是稀软的。在长牙的敏感期,应该给孩子提供较硬的食物让他们练习咀嚼,他们常常会嚼了吐,吐了又嚼,但从不咽下,也许有时会被卡住,但孩子会自我调整。

为什么孩子这样"爱吃"呢?其实孩子的这种行为实际上是在证明他们已经进入了口腔敏感期。所谓的口腔敏感期,是指孩子通过口来认识周围的世界,并构建自己的大脑和心理世界的那段时期。

一般来说,大多数孩子的口腔敏感期都会出现在0至2岁这一阶段,婴儿首先要使口的功能建立并独立起来,其次才用口来认识世界。

孩子口的"功能"

很多能力都是孩子在以后慢慢学会的,但是口却是孩子一出生就会用的,所以,口是孩子连接自己与这个世界的最自然的通道。

1 把手唤醒

孩子通过吮吸来感知手的存在,然后把手唤醒,再用手和口来认识世界。

2 用口去认识世界

孩子在口腔敏感期时什么都"吃",然后感受"软""硬"以及各种味道,从而逐渐认识世界。

在2岁之前,孩子会把大部分注意力都放在口上。但随着年龄的增长,孩子的手以及其他器官也会出现敏感期,到那时,孩子用口探索世界的方式就会悄悄退居二线了。

口腔敏感期过渡时间的长短跟所提供的满足条件有关。口腔敏感期时,物质严重得不到满足的孩子就会去抢别人的食物、随意拿别人的东西、捡掉在地上的食物,这样的话,注意力固定在食物上是无法学习的。如果父母不了解孩子的这一敏感期,常常会阻止孩子的探索行为,那么,孩子的这一敏感期就会持续很长一段时间，即使到了三四岁，孩子还是会常常偷偷地把物品放到嘴里尝一尝。所以，当父母发现孩子进入了口腔敏感期或者孩子尚未顺利度过这个敏感期的时候，一定要为孩子提供自由选择和享用食物的机会。

○ 用嘴巴"尝尝"这个世界

几个月大的孩子都会开始不断用嘴来品尝这个世界，开始吃各种各样的东西，无论是什么，只要能够拿到自己的嘴边，他们就会毫不犹豫地放到嘴里品尝一番。我们大人常常无法理解孩子究竟在干什么，这些东西既然不能吃，那么能给孩子带来什么感觉呢？孩子真的是在用嘴认知吗？在大人看来，东西无非是能吃的和不能吃的、有味的和没味的，或者是软的和硬的等，只是这样的区别而已。但是对孩子来说，他们正是用这样的一种方式来感觉他们口腔的各种能力、口的部位以及口的极限。与此同时，孩子心理上也在体验着周围的世界，在学会选择他究竟能够把哪些塞进自己的嘴里，建构只属于孩子的自我世界。

由于哲哲的妈妈是一名医生，因此在日常生活中非常注意哲哲的卫生。这两个多月以来，哲哲总是把任何东西都往嘴里放，家里带声音的橡胶玩具，哲哲抓起一个就吃，而且吃得津津有味，连口水都流出来了。妈妈把洗了的水果都放在果盘中，哲哲抓起一个橘子就开始啃，可能是前面的两颗小牙咬开了一点儿皮，觉得很难吃，就扔掉橘子又去抓葡萄吃。让妈妈无法接受的是，茶几上的卫生纸，哲哲会放到嘴里吃；桌子下面的扑克牌，哲哲也会拿起来咬一下。有一次，哲哲一不小心把鞋弄掉了，结果鞋也逃不过他的嘴巴。每次哲哲被妈妈夺下不应该吃的东西时，哲哲立刻就顺手抓起离得最近的东西往嘴里放，让妈妈无可奈何。

妈妈为了防止哲哲生病，只好不断给哲哲洗手，把哲哲的玩具清洗、消毒。反正阻止是没用了，只好放任自由了，这下哲哲可吃得欢了，每天都在各种"吃"。不过，这样的行为持续到哲哲快 1 岁的时候就停止了，哲哲自己不吃了。看到这个阶段总算是过去了，哲哲的妈妈也松了一口气。

其实，这就是哲哲的口腔敏感期。如果父母不断阻止孩子"吃"，就会妨碍孩子敏感期的发展。

这个阶段的孩子，不光会把能吃的东西塞进嘴里，辨别哪一个是自己喜欢吃的。当他们会爬后，还会把寻找到的东西塞进嘴里。这不是因为他们生理上的饿，而是他们在利用口来感受这个事物，从而了解这个事物，满足自己心理的需求。

我们无法知道这些体验究竟可以给孩子带来什么样的心理感受和认知，但是几乎全世界的婴幼儿都是通过这样的一种方式和过程走向这个世界的，他们是用口打开了这扇大门，用口和这个世界建立了亲密的关系。这样的一个过程，对婴幼儿的心理发展

满足孩子口腔的需求

处于口腔敏感期的孩子什么都吃,捡个垃圾也会放到嘴里尝一尝。对此,家长只能这样做:

准备一些可以让孩子咬的玩具,将玩具洗干净并消毒后让孩子尽情咬。

尝试转移孩子的注意力,比如,与孩子一起玩小游戏,或者给孩子吃一些食物或水果。

> 孩子正在用口去认识各种事物,完全让孩子不乱吃是不可能的,父母只能尽量保证孩子入口的东西是干净卫生的。

是必不可少的。

所以,我们要明白,对于这个阶段的孩子来说,口不光是获取食物的器官,也是探索外部世界的器官,直到有一天,他们的手部功能被唤醒以后,他们才会开始用手去探索世界。

有关专家研究发现,许多孩子的口腔敏感期因为孩子的年龄已大而不再出现,但有的孩子在小时候被父母阻止了用嘴巴品尝世界的过程，导致孩子在2岁多的时候，又重新开始乱吃。因此，我们并不提倡用阻碍的方式来帮助孩子度过敏感期，因为用口来唤醒孩子身上其他部分功能的可能性已经消失，无法弥补了。

父母只有满足了孩子口部的各种需求，孩子的心理才会是安全的，就会认为这个世界是可以信任和依赖的，人格就能顺利发展。孩子的口腔敏感期一般持续到2岁左右，如果2岁以后，孩子还是不断乱往嘴里塞捡到的东西，可能是由于父母没有充分满足孩子口的欲望，也可能是孩子生活不开心、压力太大所致。如果出现上面这些情况的话，父母就应该引起重视，多关注孩子的行为和心理，了解孩子的需求，在孩子重新出现口腔敏感期的时候，一定要满足孩子的心理需求和生理需求，多给孩子"品尝"的时间和空间，也尽可能多地给孩子提供一些可以放到嘴里的物品，让孩子多用嘴来探索世界，从而顺利度过这一敏感期。

○ 喜欢吃手的孩子

进入口腔敏感期后，孩子心理上需要一定的安全感，而吃手等行为就可以满足孩子的这一心理需求，因而这个阶段的孩子变得喜欢吃手、啃脚。这在一些父母看来是很不卫生的，于是他们就把孩子的手拿出来，往孩子手里塞一些有声响的玩具，可是，不一会儿，孩子就会把玩具扔到一边，又开始吃起手来。

其实，处于口腔敏感期的孩子，吃手、啃脚既是寻求自我慰藉的玩耍方式，也是以此认识身体、唤醒身体、熟悉身体的一种方法，更是孩子的一种活动方式。所以，当父母没有满足孩子口腔敏感期的需要时，在以后的某个时间段，孩子总是会产生这种需要。到那时，虽然能够弥补孩子吃手的需要，给他以安慰，却无法弥补孩子利用口来完成对这个世界的认知的缺失。

　　吉吉刚刚6个月，最近，妈妈发现吉吉非常喜欢吃手。有时，吉吉躺在床上，先是用一只手的手背不停地轻轻拍打自己的嘴唇，接着把拇指塞进嘴里吸吮，几分钟后又把食指塞进去吸吮，就这样，一个手指一个手指地都放在嘴里吸吮一遍。后来，吉吉还会直接啃自己的小拳头。整个过程，吉吉的表情都十分放松，好像是在干一件正事一样。妈妈知道这是孩子的口腔敏感期到来了，所以也没有打扰吉吉的探索。吃了十多分钟的手后，吉吉便满足地睡觉了。

　　每天下午，妈妈都会用婴儿车推着吉吉到附近的公园玩玩，让吉吉多接触一下世界，但是吉吉似乎并不感兴趣，而是专注于吃手。妈妈推着吉吉走在路上，吉吉也是一直含着自己的大拇指或者食指，两只手轮换着吃。有时碰到了熟人，妈妈就会停下来打招呼。大家都喜欢逗一下小吉吉，但是吉吉并不理别人，还是在吃手，有的阿姨说吃手太脏了，把吉吉的手拿下来，他就会立刻大哭起来，无论怎么逗他都不笑，直到把他的手再放到嘴边，他才会立刻停止哭泣，开始吸吮自己的小手。

　　好在吉吉的妈妈早前读过一些介绍孩子敏感期的书籍，因

正确面对孩子的吃手行为

有的孩子两三岁时还吃手,这很有可能是因为压力过大造成的心理问题,此时就需要家长帮孩子纠正这一行为。在纠正孩子吃手的问题时,一定要注意以下几点:

> 拿出来,不能吃!

1 不能用粗暴的手段

简单粗暴的阻拦,甚至动用惩戒,是治标不治本的,很有可能会使孩子出现其他问题。

2 满足孩子的情感需要

平时多抱抱、多陪伴孩子,增强孩子内心的安全感,孩子抵抗压力的能力就会增强。

> 宝宝,我们吃饼干好不好?

3 把手替换下来

当孩子吃手时,给孩子一块饼干或者一些水果,或和孩子一起玩游戏,尽量不让孩子闲着,孩子就想不起来吃手了。

当然,如果孩子在更小的时候,正处于敏感期,这属于单纯的吃手行为,父母就不必特意给孩子纠正,一般过了敏感期,孩子自己就不会吃手了。

此了解孩子什么阶段会出现什么样的敏感期，在这期间会有什么样的心理，以及会表现出什么样的行为，所以并没有过多阻止吉吉的自由发展。在这样的状况下，吉吉吃手的活动一般都是会顺利进行的。

著名育儿专家秦锐说，这个阶段的孩子吃手，只有好处没有坏处。吃手可以训练他手眼的协调能力、培养孩子的自我认知能力和运动能力，同时给孩子心理上的慰藉。

口不仅仅是用来进食的，它在孩子发育的早期还肩负着一个重要的使命，就是用它来唤醒身体的其他部分，并且用它来认识外在世界。而手，就是孩子用口来唤醒的，在唤醒了手之后，孩子就会开始用手探索世界，从而进入手的敏感期。

○ 孩子喜欢张口就咬

许多父母发现一些2岁左右的孩子会出现用口腔，也就是舌头、牙齿探索环境的敏感期，而这个口腔敏感期原本应该在2岁之前完成，之所以拖到现在才开始出现，都是因为之前孩子在口腔敏感期时没有得到很好的满足，孩子在弥补这一敏感期。这个时候，父母应该注意使孩子顺利补上口腔敏感期。

一天，俊俊午睡起床后，妈妈带着俊俊到楼下玩。好几个2岁左右的小朋友在玩，他们跟俊俊差不多大。可是没玩多久，其中一个叫月月的小朋友就大哭起来,原来是俊俊把月月的胳膊咬了一口。俊俊满脸的歉意和恐惧,语无伦次地为自己辩解,说是他们为了一个玩具吵了起来,月月不给他玩具,他就咬了月月。

妈妈觉得很奇怪,自己的俊俊是一个十分乖巧、语言表达能力也比较强的孩子,平时在和其他小朋友玩的时候并没有发生过侵犯他人的行为,这次为什么会咬月月呢?妈妈解决完两个孩子的矛盾之后陷入深思。仔细想想,最近俊俊确实有点奇怪,前几天还看见他在咬家里的沙发,把沙发都咬了一个洞,当时爸爸还教育俊俊了呢。而且现在俊俊总是会咬爸爸的胳膊,妈妈抱着他时,他也会咬妈妈的肩膀。有时只是轻微地咬一下,妈妈一说,俊俊就停止了。但是家里的东西却没有这么好的运气,许多橡胶玩具都被俊俊咬坏了。

妈妈猜想孩子应该是到了口腔敏感期,之后,妈妈就格外注意俊俊的行为,尤其在出去玩的时候,总是密切关注,生怕俊俊再咬了别的小朋友。在家时,妈妈会给俊俊准备各种食物,希望多锻炼他的口腔。这样持续了一段时间后,俊俊就不再乱咬了,而是开始痴迷捡东西。妈妈知道,俊俊的口腔敏感期过去了,希望这次没有给俊俊造成遗憾。

很显然,由于妈妈或者其他家人的过度保护,忽略了俊俊的心理需求,没有让其心理得到满足,从而让俊俊的口腔敏感期迟了很久,于是,他就通过"咬人"这种方式来弥补自己落后的口

面对爱咬人的孩子该怎么办

尽管孩子处于口腔敏感期,但是对于孩子的咬人行为也不能置之不理,父母应该怎么做呢?

❤ 1 满足孩子口腔的味觉和触觉

给孩子一些软硬不同的食物,让孩子尽情去感受。

❤ 2 不要训斥和打骂孩子

孩子还没有自控能力,也许咬人只是出于好感,父母的训斥和打骂会给孩子留下心理阴影。

> 孩子爱咬人,归根结底还是因为孩子正处于长牙齿的敏感期,这个时期,孩子的牙床会感觉很痒,父母只要给孩子提供一些较硬的食物,就能很大程度上避免孩子咬人现象的发生。

腔敏感期。

在孩子弥补口腔敏感期的时候,父母一定要多加注意,给孩子提供一些可以咬、品尝的东西,比如橡胶圈,各种软硬度不同的食物,干净的、不同质地的物品等,以满足孩子的口腔对味觉和触觉的需求。这样,在父母的关注之下,孩子便可顺利度过这一阶段，而不是总是去咬别人。

　　当然，这个时期的孩子咬人并不是有意的，这和有意用牙齿攻击别人是有本质区别的。因此，不要过多地责备孩子，而是要适当帮助孩子，理解孩子的心理需求，给孩子提供更好的环境，让孩子很快得到心理满足，并让孩子迅速度过这个时期。然后，孩子就会出现高度的宁静和下一步智能的需求。

第四章
手的敏感期
——用手探索环境、感知世界

○ 解读孩子手的敏感期

孩子的手是被口唤醒的,也就是说,孩子在吃手的时候,会根据行为产生不同的心理,在这样的心理作用下,孩子会逐渐认识到手的能力。比如,手可以把自己想要的东西拿到眼前,可以把自己想吃的东西送到嘴边,还可以感受不同质地的东西是软的还是硬的,还可以拉住妈妈的手,伸手让妈妈抱抱等,这些都给孩子带来了心理上的好奇,从而便开始从口腔敏感期转到手的敏感期。

感觉是认知的重要方式,孩子就是通过手部皮肤、肌肉、关节等的感觉,来实现对事物的认知和神经系统的发育。

孩子的身体是一点一点被唤醒的,在还不会爬、不会走路的时候,手就先被唤醒了。因此,这个时候,孩子的许多感知都是通过手来传达的,对于世界的探索也是通过手和口来实现的。在孩子小的时候,还不能用语言很好地表达自己的心理活动和想法,此时,手就成了孩子表达的途径和方法。

重视孩子手的敏感期

在孩子手的敏感期,孩子通过手的使用来协调大脑和身体之间的关系,同时孩子通过手来发现这个外在的世界,建构自己内心的世界。

1 协助口探索外部世界

通过口的吮吸或啃咬手,把手唤醒,然后手口配合探索世界。

2 锻炼反应敏捷度

手指的灵活性与孩子的反应敏捷度有很大关系,所以要有意识地开发孩子手的潜能。

3 手部精细动作促进智力发育

引导孩子去找一些微小的物品,这对孩子的视觉是很好的锻炼,而且通过协调动作,还能促进其智力发展。

手是孩子在3岁之前认知的重要部位，虽然孩子可以进行爬、走等活动，但是这都是一些比较低级的行为模式，更多的认知是通过手来实现的，因为手有认知的功能和记忆的能力，还有代替语言表达的能力。孩子很多的心理活动和想法都可以通过手来传达，而父母也可以通过孩子手传递的信息去了解孩子的心理活动。

瑞瑞最近的表现让妈妈十分头疼，他的小手似乎总是闲不住，非要捣乱才行。

妈妈喂瑞瑞吃饭，以前都是十几分钟就完成了，现在半个小时也吃不完，因为瑞瑞总是抢妈妈手里的碗、筷子、勺子，然后自己吃。可是，真的让他自己吃的时候，他又不认真吃饭，总是会拿起餐具玩，然后把东西都放在一边，直接用手抓着吃，把饭菜弄得满桌都是，最后瑞瑞还笑嘻嘻地捡起来吃。

除了吃饭，瑞瑞对各种食物和水果都不会轻易放过。瑞瑞非常喜欢吃西红柿，妈妈都是买一些来让瑞瑞生吃，可是瑞瑞哪里是吃呀，他会直接把西红柿抓得稀巴烂。有一次，妈妈一不留神，瑞瑞就把一袋西红柿都抓烂了，气得妈妈直跺脚。

此外，让妈妈十分无奈的是瑞瑞非常喜欢捡东西，不只是家里地上掉的东西，外面地上的东西也常常被瑞瑞捡回来，其中不乏一些垃圾。只要是瑞瑞感兴趣的，他统统捡回来，还当宝贝一样，不准妈妈扔掉。有空了，他自己会分辨一番，有些看看就扔了,可是有些东西他可不管干不干净,直接放进嘴里尝一下,然后再龇牙咧嘴地吐出来。妈妈觉得这样非常不卫生,会让瑞瑞生病的,因此没少批评瑞瑞,可是这似乎并没有什么作用,瑞瑞每次出门都会捡很多东西带回来。

当然,有些瑞瑞感兴趣的东西并不是别人扔掉不要的,而是别的小朋友正在玩的或者正在吃的东西,瑞瑞就一声不响地直接去抢过来,这让妈妈十分难为情。家里只有这一个孩子,只要是瑞瑞要的东西,父母都会买给他,可是就是这样不缺吃不缺穿的孩子,还是去抢别人的东西,这究竟是怎么一回事?

很显然,例子中的瑞瑞正处于手的敏感期。当手的敏感期到来的时候,孩子口腔敏感期还存在,因此才会出现瑞瑞这样的情况:捡了东西尝一下,再吐出来。由于要发展手的能力,认识手的功能,孩子会在这样的一种心理下开始不停地做出各种各样的动作、触摸各种物品,而手的活动范围越大,特别是孩子在爬、走的时候,可以拿到手里的东西就会越多,当然,其中会有很多进入孩子口中,因为孩子有可能还同时处于口腔敏感期。孩子对于能不能吃、干不干净并没有什么概念,也不清楚其中的界定,因此很容易把脏东西放进嘴里。因此,需要父母对孩子看得细致一些。

尤其是在孩子发现了新东西,却还判断不出是什么东西、做什么用,而孩子又十分好奇的时候,他就会用自己熟悉的方法——用舌头尝尝，用牙齿感觉一下，然后再看一看。这个过程是习惯化与去习惯化的更替，可能会频繁出现，父母要多留意一下。

○ 用小手触摸世界

只要有可能，孩子就会抓捏一切到手的东西，果酱、面条、香蕉、鸡蛋、泥巴……在餐桌前，孩子也不会消停，对各种食物都充满了好奇，当然不是因为好吃，而是可以用手进行各种拿捏。

从心理学角度来看，八九个月大的孩子非常喜欢抓捏软的物体，看似手的活动，其实不只是手的活动，而是有着智能的目标。成人常常因为担心或者无知，不了解这个时期孩子的心理，从而给孩子设置了很多障碍，剥夺了孩子用手的自由，也剥夺孩子认识世界的机会。

在孩子童年时期，锻炼孩子的用手能力非常重要。我们常常会看到许多成年人不会用手或者动作很笨拙，不会拿筷子、不会按键、不会用手指夹围棋子、不会点钞票、不会拴绳索等，这些都和他们童年时期在这方面的发展受到阻碍有关。可见，父母应该了解孩子的心理发展过程，并根据孩子的心理发展给孩子提供适宜的环境，让孩子充分得到锻炼，这是十分必要的。不要认为孩子是在调皮捣蛋，也不要因为担心孩子会把衣服弄脏而拒绝让孩子自己动手。

如何应对孩子乱扔东西

孩子乱扔东西在手的敏感期是很常见的,但是为了减少麻烦,父母还是要想出一些对策。

> 看看,妈妈给你买的新玩具!

> 吃完饭了,我们去玩别的,不能玩食物。

1 给孩子不易损坏的玩具

可以给孩子准备一些毛绒玩具、橡胶玩具等不容易损坏的玩具。

2 不要给孩子食物玩

在孩子吃饱之后就把食物拿走,一来食物不好收拾,二来也可以避免对食物的浪费。

3 不要马上收拾

对于孩子故意扔在一旁的玩具,如果马上捡回来,那么孩子还以为是和他玩游戏呢,就会扔得更起劲。所以,不要马上捡,等孩子都扔完再捡。

另外,父母要把家中比较贵重的物品,像手机、手表等放在孩子够不到的地方,不能什么都给孩子玩。

在豆豆6个月大的时候,妈妈给豆豆剥了一个橘子,豆豆用胖胖的小手把一瓣橘子送到嘴里,可是,接着就吐了出来,可能觉得不好咬。豆豆把那一瓣橘子放在手里观察了一会儿,然后用手剥开了橘子膜,果汁流了出来。豆豆似乎猜到了这个像水一样的东西味道不错,于是又把那瓣橘子放进了嘴里。果然,小家伙眉开眼笑了。

从豆豆8个月大开始,她就开始尝试自己吃饭。因为每次妈妈喂她,她都似乎不太高兴,干脆就让她自己吃了。当然,豆豆还不会使用勺子、筷子等餐具,都是直接捧着碗或者干脆用手抓着吃,这样豆豆倒是可以开心地吃完整顿饭。不过,每次也是会吃得身上到处是饭菜。

到豆豆9个月大的时候,正好是夏天,各种应季水果开始上市,香蕉、葡萄、西瓜……这下可忙坏了豆豆,每每吃水果,她都要伸手主动要求自己吃,用手抓得到处都是,虽然吃到了嘴里,可是衣服也直接变了个颜色,脸上也好不到哪里去,有时连额头上都是果肉或者果汁。但是,豆豆的妈妈觉得孩子开心就好,正好可以锻炼手。

现在,才一岁多一点儿的豆豆已经学会自己剥香蕉皮和鸡蛋壳了,这都得益于她从小就用手。每次豆豆剥皮的时候都非常专注,认认真真剥完,就会开心地笑起来,吃的时候也格外香。

孩子在八九个月大的时候，小手非常喜欢抓捏黏稠和软的东西，比如面条、草莓、香蕉、蛋糕等。反复抓捏之后，再放到嘴里品尝，这是孩子在这个时期最喜欢做的事情。黏稠的东西更容易被孩子抓捏住，并能在孩子的抓捏之下改变形状，这让孩子觉得十分新奇，满足了孩子探索的心理需求，这也是一种智能活动。

儿童行为心理专家说过，孩子的智慧在手指上。我们知道，大脑的神经通路包括来自皮肤的浅部感觉和包括来自肌肉、肌腱、关节的深部感觉。这些感受器受到刺激之后，向上传导到大脑皮层，促进了脑部突触和神经纤维的增长和彼此的连接，使大脑回路增加，区域脑功能提高。而手可以感知、接触物体的刺激。所以说，手部活动越多，越能促进大脑发育。

○ 孩子见人就伸手打

孩子打人也是敏感期的一种正常的表现。孩子打人，可能是为了吸引父母的注意力，也可能是太兴奋而无法控制自己，也可能是孩子想用肢体语言表达自己的某种情感或者心理需求，比如爱或者是不满，当然也有可能是与其他小朋友在沟通、交流，只是方法让大人感觉孩子是在打人。无论如何，父母不要认为孩子打人是因为孩子具有某种暴力倾向，从而给孩子贴上暴力的标签，这样反而会误导孩子，让孩子逐渐往不好的方向发展。

因为孩子在小的时候，他们不会隐藏自己的情绪，在心理需

孩子爱打人怎么办

孩子打人是手的敏感期的正常表现，对此，父母不必过于烦恼，可以试着这样做：

> 越说他越打，不管他一会儿他就觉得没意思了。
>
> 孩子打你，你怎么不管啊？

> 我要吃！
>
> 就知道打人，你为什么打人？

1 对孩子的行为别太敏感

父母的关注会强化孩子打人的行为，因此，父母别太关注，孩子觉得没意思自然就不打了。

2 别给孩子扣上"打人"的帽子

孩子有时只是拍打，因为他们语言表达能力有限。所以父母不要说孩子是打人，而是要注意观察孩子的需求。

> 不听话就要挨揍！

> 不看电视了，我们出去玩玩好吗？

3 反省自己有没有做坏榜样

父母的一言一行孩子都看在眼中，他们会模仿，因此，父母首先要给孩子做好榜样。

4 减少孩子观看暴力镜头的机会

孩子看到什么就会模仿什么，因此电视上的暴力镜头，或现实中人们之间的推搡或打架行为要少让孩子看到。

求得不到满足的时候他们会直接表现出来，可是这个时候的孩子还无法用语言把自己的想法完整、准确地表达出来，因此，当他们发现自己被误解的时候，就会比较着急，或者是他们在太开心的时候想要表达自己的兴奋，却因为语言能力的限制，不知道用什么样的语言来形容，这个时候，他们就会本能地通过肢体动作来表达自己的情感。但是，肢体上的表达却因为孩子大脑发育的限制，不能很好地控制自己的行为和力度，往往就会被父母认为这是具有攻击性的。

天天刚满1岁半，最近却喜欢上了"打人"。他有时会在嘴上说，但是嘴上说的同时，小手就会真的打过去。

有一次，天天想要自己跑着玩。由于刚下过雨，地上都是积水，妈妈怕弄湿了天天的鞋子，就抱着天天。这下，天天就不乐意了，并对妈妈说："下来，下来，我打你！"说话的时候，小手已经"啪"的一声打在了妈妈的脸上，这一下便一发不可收拾了，他的小手不停地拍打妈妈的脸。由于妈妈抱着天天，没法阻止天天，只能说："不能打妈妈，那样就不是好宝宝了。"于是，天天就不打了，而是改为拽妈妈的头发了，别看孩子小，劲儿可不小呢。

天天不只是对妈妈这样，妈妈带着天天出去玩的时候，看到其他小朋友也在街上玩，天天总是会开心地跑过去，可是刚一站定，就会伸手去打小朋友。有时候，打得轻一点还好；有时候，打得重了，就把小朋友打哭了。天天看到别人哭，还一脸困惑的表情。于是妈妈赶紧帮忙道歉，说天天其实是想和小朋友打招呼，无奈自己不能控制好力度，把小朋友打哭了。

　　有时在外面玩，看到别人手里拿着玩具，天天看着也喜欢，就什么都不说，走过去就抢别人的玩具，小朋友当然也不愿意给天天，天天就开始伸手抓小朋友的脸，扬起手来就打人。有些比天天小的孩子一害怕，玩具就到了天天的手里。但是有时也会遇到比天天大的孩子，这个时候，天天就占不到什么便宜，玩具没有抢过来不说，还会被大的孩子打哭。但是这样天天也不长记性，下次还是会打人，妈妈也说了好多次，也不见成效。

　　很显然，天天正是处于手的敏感期，因此才会出现频繁打人的现象。虽然这是一种十分常见的敏感期现象，但是毕竟打人的行为还是会让别人不高兴的，而且如果对孩子打人的行为不加以制止和批评，任其发展的话，可能会让孩子养成不良的行为习惯，以后也会继续出现打人的行为。所以，对于孩子的这种行为，父母要通过言行举止让孩子明白，打人是不好的行为。当然，也不要随意批评孩子，让孩子误以为父母不喜欢自己。这样反而不利于对孩子的教育，因为帮助孩子树立正面的自我形象对纠正孩子的攻击性行为有很大的帮助。

第五章
行走敏感期
——乐此不疲地来回走

○ 解读孩子的行走敏感期

孩子行走敏感期大概从7个月大时开始出现。刚开始，孩子拒绝坐着，总是喜欢让大人拉着他的双手跳，这样经过一段时间之后，孩子就会在父母的扶助下尝试着走路，不过看上去更像是在跑。这个时期是父母感觉最累的时候——不会走路，可是却喜欢到处走；等会走了，就开始无处不去；上楼梯、下楼梯都要自己来，不管需要多长时间都不让父母来帮忙；走路的时候还专挑不平的地方走……在行走敏感期中，孩子是一个自由、活跃的个体，他对空间的把握能力从此跨出一大步，心理也随之出现跨越式发展。

在行走敏感期内，孩子不需要特定的理由，就会非常热衷于行走，并对行走这个行为产生强烈的兴趣而不厌其烦地重复，最后，孩子会因为这种不断地重复而学会独立行走。孩子在从事这个活动的时候所表现出来的内在的活力和快乐，正是源于孩子与外在世界接触的强烈的心理需求。有些父母不了解孩子的这一心理，总是觉得跟在孩子身后或者弯着腰领着孩子太累，就会忽略孩子的心理，选择抱着孩子走，孩子的心理得不到满足，就会出现反抗情绪——哭泣。

佳佳在八九个月大的时候，总是不停地想要自己站起来，妈妈把她放在腿上的时候，她就会使劲地蹬妈妈的腿，把妈妈的腿都蹬得很痛。妈妈当时还十分疑惑，为什么这丫头的腿这么有劲呢？等到佳佳11个月大的时候，她已经可以蹒跚行走了。自此，佳佳开始热衷于行走，她好像根本就不知道累。

有一天，早晨起床后，妈妈准备给佳佳脱了睡衣换衣服，结果睡衣刚脱下来，只穿好一件上衣，佳佳就不耐烦了，自己开始一点一点往床下滑，等双脚一着地，佳佳立刻开心地笑着跑开了。妈妈拿着裤子追在佳佳身后，想要给她穿上，但是佳佳以为妈妈是在追着她玩，跑得更欢了，一边咯咯咯地笑着一边跑，全然不顾凳子、玩具车的阻碍，也不看脚底下，结果就被玩具小鸭子给绊倒了。妈妈吓了一跳，以为佳佳肯定会哭。结果佳佳看到妈妈向自己走过来，赶紧爬起来又跑开了。之后，这样的母女追逐大战几乎每天都会上演几回，妈妈觉得疲劳不已，佳佳却玩得十分开心。

在家里还好，就算有几件东西会挡住佳佳的去路，也不会造成太大的影响。可是，一出门就让妈妈提心吊胆了，小区里的车虽然车速慢，但有些骑电动车的人速度还是挺快的，而佳

孩子学习走路的四个阶段

孩子学会走路的过程是有一个大致的规律，一般分为以下四个阶段：

1　10至11个月

孩子有扶着妈妈的手、固定物站起来的欲望。

2　12个月左右

孩子能够站起来和蹲下了。可以让孩子蹲起练习他的腿部肌力。

3　12至13个月

孩子能够扶着东西行走，但还有点胆怯，会紧紧抓着妈妈的手。

4　13至15个月

孩子已经可以自己走路了，开始对探索周围的事物充满欲望，这个时候父母要多给孩子自由。

佳走路或奔跑的时候不看车,这让妈妈很担心。有时车比较多,妈妈就会抱起佳佳,可是佳佳浑身拧着,非要下来自己走不可,如果妈妈不允许,佳佳就会大哭。有时,佳佳专挑那些崎岖不平的地方走,哪里有个井盖或者有人堆了一些沙堆,佳佳肯定会从那上面走。有时还会跑到路边的绿化带里面,妈妈只好一刻不停地跟在佳佳身后,生怕出现什么意外。

孩子一旦学会走路了,孩子的世界就会发生十分巨大的变化。以前,即使孩子能够爬行,但是能到的地方也会受到限制,许多有障碍的地方孩子就爬不过去了。但是会走路就不同了,孩子可以去他想去的任何地方。当孩子看到一件喜欢的东西的时候,不需要大人的帮忙,就可以自己走过去拿起来。因此,学会走路会让孩子新奇不已,也会让孩子的探索范围变得更大。这对孩子来说是一个非常大的突破,这意味着生活开始由他自己支配了!

○ 行走敏感期对孩子成长的重要性

人要成就一个完整的自我,就离不开行走,而行走正是孩子实现自主、建立自我意识的良好基础。

当孩子想走的时候,有的父母因为自己太累,不愿意跟着孩子到处走,而是把孩子放在小车上,这是在残忍地剥夺孩子通过自己的努力获得成长的机会。父母不应该抱怨,而是要幸福地享受这个过程,因为这是孩子充满激情地发展自己、构建自我的重要历程。如果我们希望孩子长大，渴望孩子将来是一个能够独立生活、有独立人格和思想的人，那么就应在这个时期关注孩子的心理发展需求，支持孩子自己行走，因为这是孩子和母亲真正意义上的分离，也是孩子独立的开始。

欣欣的爸爸妈妈都上班，在欣欣6个月大的时候妈妈就去上班了。因此，在平常的时间里，都是奶奶在照看欣欣。由于奶奶年龄大，腰腿不舒服，所以在欣欣学会走路之后也不愿意跟着欣欣到处走，总是把欣欣放在小车里推着到处逛逛。

每次妈妈回到家，都已经是傍晚了，喂欣欣吃完饭后虽然也带着欣欣下楼玩，但是由于天黑，路灯也不是很亮，妈妈怕欣欣摔倒，不是抱着就是用小车推着。周末，要是赶上爸爸妈妈加班，或是天气不好，欣欣就只能在家玩了。所以，平常只有在家里，欣欣才会走来走去。

到欣欣2岁的时候，妈妈带着欣欣去参加朋友的婚宴。现场有好几个小朋友和欣欣差不多大，他们都在地上乱跑，只有欣欣安静地在妈妈的怀里，当时妈妈还觉得这样很好，孩子很安静。后来大家吃完饭出来玩的时候，别的小朋友都开心地在跑着玩，欣欣虽然也在地上走，但是每一步都小心翼翼的。欣欣遇到一个很矮的台阶，就站着不动要让妈妈抱。看着比欣欣小好几个月的小朋友都走得十分顺畅，而欣欣跟刚学会走路一样，妈妈真担心欣欣再这样下去就跟不上别人的脚步了。而且

行走敏感期的重要性

行走使孩子产生强烈的成就感，会让孩子的心理得到成长。

行走使孩子从不自由、需要帮助的状态中解脱出来。

行走的同时会促进孩子智能的发展，促使孩子掌握其他更加复杂的技能。

学会走路对孩子来说是成长过程中的一次大飞跃，因为行走能力的发展促进了孩子独立性的发展，他们开始发现自己可以不用再依赖于大人了。

欣欣似乎对周围的事物并不感兴趣，一副无精打采的样子，完全不是一个2岁孩子该有的情绪啊！

现在许多父母都忙于工作，因此孩子是老人在带，而老人由于年龄和身体的原因，没法长时间弯着腰让孩子学走路，或者是因为孩子会走路之后走得太慢，因此，大多数人用小车代替了孩子的脚步。但是，这个时期的孩子有着强烈的行走的愿望，大人不给孩子走路的机会，不仅会使孩子腿脚的肌肉得不到锻炼，而且大脑的思维能力也会受到影响。

孩子的大脑发育要靠环境刺激来实现。眼看、耳听、皮肤接触、舌头尝、鼻子闻等过程（在医学上称为感觉统合过程），不但能够帮助孩子完成对环境的认知，还能促进大脑发育。大脑是靠神经元的突触之间的连接来传递刺激的，神经元之间的连接越多，脑中的各种信号路径就会越发达，大脑功能就会越强。

心理学研究成果告诉我们，一些孩子在进入小学以后，会出现情绪不稳定、固执、有侵略性、有挫折感、难以适应学习环境、注意力不集中、不能持久地干一件事情、不能长时间坐着、多动等问题，这些都与婴儿时期缺乏有效的自主活动有一定的关系，而孩子的行走就是一种非常自主的自由活动。所以，在孩子行走敏感期多让孩子走动，对孩子以后的发展至关重要。

○ 喜欢爬楼梯的孩子

在行走敏感期中还有一个特殊的时期，就是孩子对攀爬楼梯的敏感期，这一敏感期一般在2岁之前出现。在这个敏感期，孩子开始喜欢在楼梯上爬上爬下，他们先用手判断上下楼梯之间的空间距离，然后试着用脚来判断。因为成年人总是会担心孩子这样做会有危险，并且觉得孩子用手触摸楼梯非常不卫生，所以常常阻止、破坏这一敏感期的正常发展活动，对于大多数孩子来说，这一敏感期往往会滞后到2岁半甚至3岁才会出现。

2岁半的彤彤家住的是平房，所以她在2岁之前并没有走过楼梯，有时去商场也都是坐电梯，而且是由妈妈抱着的。由于彤彤的妈妈是一名老师，在今年放暑假的时候就带着彤彤去小姨家住了一个多星期。小姨家的房子是两层的，每次上楼或者下楼都是要经过楼梯的。

晚上睡觉，彤彤是妈妈抱上楼的。可是，早晨起床后要到楼下吃饭，彤彤站在楼梯边上，一动不动地盯着楼梯看。妈妈走到她的身边，伸出手，彤彤赶紧把自己的小手放在妈妈的手里，然后跟着妈妈一步一步走下楼去。一边下楼，妈妈一边教给彤彤怎样下楼梯不会摔倒：手要抓住旁边的扶杆，眼睛要看着脚下的台阶，腿要一级一级地走。

走到楼下吃完早饭之后，彤彤就开始自己"研究"楼梯，

支持孩子爬楼梯

许多父母面对有爬楼梯欲望的小孩子,不知道怎么做才能给孩子的肢体发展带来最好的促进作用,以下几个方面需要父母注意:

> 加油,宝贝,马上就爬上去了。

1 鼓励孩子爬楼梯

爬楼梯是处于行走敏感期的孩子喜欢的运动,对此,父母可以采用比赛等方式鼓励孩子爬楼梯,满足他们的需求。

2 处理楼梯上的障碍物

孩子的腿短,爬楼梯已经比较费劲,如果台阶上还有障碍物的话,孩子可能会受到阻碍,父母要及时帮孩子扫清障碍。

> 父母应该享受孩子爱行走的这一时期,等孩子度过了这个行走敏感期,可能就不愿意自己走了,那个时候,孩子就又开始喜欢妈妈的怀抱了。

沿着台阶,一级一级地往上走。她的动作非常缓慢,但是她一直走了一个多小时,就这样慢慢上去,再慢慢下来,走累了就坐在楼梯上休息一下,然后接着走。

在小姨家住的一个多星期里,彤彤每天都要重复走楼梯,而且忙得不亦乐乎。刚开始,彤彤都是小心翼翼地走,动作也十分缓慢,但是到最后走的时候，彤彤已经可以行动自如地上下楼梯了。

当孩子把所有的注意力都放在一件事情上，并反复地重复这件事情时，那么，孩子的敏感期就到来了。在彤彤反复上下楼梯的时候，父母就应该知道彤彤行走敏感期中关于上下楼梯的敏感期到来了。大人走路或者上下楼梯都是有目的的，但是孩子却是没有目的的，他们只是在练习，因此，会不断重复地上下楼梯。

从孩子出生开始，经历了抬头、坐起、爬的全部过程。在孩子第一次尝试着通过自己的努力而迈出第一步时，孩子的身体就开始走向独立了。

当然，孩子也不是一直在走，当孩子一旦学会了走路，那么，孩子就不会想要自己走路了，他会重新从母亲的怀中寻求温暖，于是他会想尽一切办法让你抱着他。这个时候，孩子的行走敏感期已经过去了。

○ 让孩子顺利度过行走敏感期

有的妈妈为了防止孩子在走路的过程中跌倒，就用布条或者购买学步带等系在孩子身上，另一端牵在自己手里。当孩子要摔倒的时候，妈妈就一使劲拽住孩子，还可以防止孩子到处乱走碰到磕到。这样虽然降低了孩子的危险系数，但是对孩子来说，却是一种过分的保护，并且剥夺了孩子的自由。孩子在走路时，应该体验走不同的路的感觉，感受如何调整平衡，这也是孩子的权利。

有的父母觉得把孩子放在学步车里会比较安全，其实四平八稳的学步车恰恰剥夺了孩子体验平衡的机会，会影响其平衡能力的提高。另外，学步车倒了的话，也有可能会压到孩子。这些做法看似是对孩子的保护，但是都不利于孩子顺利度过行走敏感期，对孩子的身体感知也没有好的作用。所以，父母应该学习科学的方法教育孩子。

萱萱在11个月大的时候可以跟跟跄跄地走两三步，由于她还不能很好地掌握平衡，所以很容易摔倒。于是，妈妈就买了一个学步车，让萱萱在里面学走路。刚开始，家人都十分欣慰，由于依靠学步车，萱萱确实进步神速，没两天就可以拖着学步车走很远了。萱萱看到妈妈在远处拿着香蕉，会立刻开心地跑过去，爸爸妈妈因此觉得，萱萱肯定很快就能走得硬朗起来。

萱萱有一个小表妹，只比萱萱小一个月，当萱萱能走两三步的时候，小表妹还得扶着东西才能走呢。

有一个周末，小表妹来萱萱家做客，结果小表妹已经可以自己摇摇晃晃地走到这里走到那里了。虽然看着不稳，好几次眼看着就要摔倒了，但是小家伙总能保持住平衡，没有真的摔倒。妈妈见状，便让萱萱试试自己走路。离开了学步车的萱萱走的还没有小表妹好呢，东倒西歪的，摔倒了好几次，最后干脆坐在地上不走了。

妈妈觉得十分奇怪，明明萱萱在学步车里已经走得很好了

如何帮助孩子顺利度过行走敏感期

在行走敏感期，孩子会乐此不疲地走路，还往往走那些脏、乱、不平的地方。作为父母，不要斥责孩子，而是应该欣赏孩子的这种行为，同时，还要做好必要的引导。

> 这里不好走，过了这里你再下来走！

1 知道孩子对什么感兴趣

找到孩子感兴趣的地方，如楼梯、斜坡等，多带孩子走一走。

2 不要阻止孩子走路

刚开始，孩子还走不稳，父母需要弯着腰保护孩子，而许多父母嫌麻烦干脆抱起孩子，这会让孩子的敏感期延长。

> 没事。宝贝，摔倒了爬起来就好了！

3 不要担心孩子摔倒

孩子摔倒是很正常的事，即使磕破皮也会很快愈合，只有经历过锻炼，孩子才能走得更稳。

当然，这并不是说孩子想走到哪里就走到哪里，要在保证安全的前提下让孩子自由地行走。

啊，而且在之前就已经能走几步了，现在怎么反而不如小表妹走得好了呢？

妈妈就问小表妹的妈妈是怎么教孩子走路的，她说什么辅助工具都没用，就是让孩子自己慢慢练习着走，不断练习，孩子就走得好了，而孩子在学步车里，每次要摔倒的时候直接坐下就好了，所以孩子没法锻炼自己的平衡能力，一旦脱离了学步车，没有东西支撑孩子，孩子就会频繁摔倒了。

萱萱的妈妈恍然大悟，原来萱萱在学步车里走得好，只是个假象，其实孩子并没有真正学会走路。

于是，萱萱的妈妈就把学步车收了起来，让萱萱自己练习走路。没过多久，萱萱就走得很好了，虽然有点不稳，但是已经不会摔倒了，相信过不了多久，她就会走得很稳了。

孩子6岁之前，其心理发展还不成熟，需要通过不断地对世界进行探索来发展其心理结构。而孩子的探索其实就是玩，在玩的过程中进行吸收，吸收的过程也就是学习的过程，也是孩子心理发展的过程。在吸收的过程中，由于孩子使用了肢体、大脑和感官，所以肢体操作能力、大脑思考能力、感受能力都得到了提高，这一切的发展使得孩子的心理逐渐成熟。慢慢地，孩子就会有自我意识，就会产生自我认识、自我评价、自我建构，他的心智就成熟起来了。所以，父母给孩子自由才是真正的爱。

第六章
语言敏感期
——一遍又一遍重复他人的话

○ 解读孩子的语言敏感期

语言是人类通过高度结构化的声音组合，或是通过书写符号、手势等构成的符号系统来交流思想的一种行为，是一种社会现象。孩子最初的语言学习就是学习声音的组合。

孩子语言的发展，最初是将他们认知的事物同概念进行配对。比如，孩子知道了树，见到树后，就会指着树说："树！"孩子大概1岁时会有这种表现。有些孩子在七八个月的时候就已经开始说话了，但是这个时期的孩子词汇量非常小，也比较广义。到了2岁时，孩子的语言会有一个大的跨越，看到树的话，会轻松地区分出"杨树""柳树"等。并且，孩子非常热衷于这种区分，因为这是孩子概念发展的敏感期，孩子要把自己脑子里的印象跟更具体的概念对号，以完成词语的积累。再大一点的孩子还会出现一种特别的现象，那就是非常热衷于说脏话、诅咒的话。比如，孩子会说："我掐死你！""我揍死你！"这个时候，父母千万不要以为孩子学坏了，因为这只不过是孩子在这个阶段

孩子语言敏感期的几个阶段

1 1岁

可以说一个字或几个字来表达许多不同的状况,或用不同的字表示相同的意思。

2 1岁半至2岁

这是孩子学习名词的关键期,常常会问"这是什么?"

3 2至3岁

2岁半之后,孩子有了"我"的概念,可以叙述不在眼前的事物。

> 任何事物的发展都是有规律的,孩子语言的发展也是一样。掌握孩子语言发展的规律,可以帮助孩子更好地锻炼语言能力。

的特殊反应，他在享受说这种话的快感，只要孩子过了这个时期，自然就好了。

文文已经两岁了，还是不会说话，如果他着急了，或者太开心有些忘我的时候，就会咿咿呀呀说一种谁也听不懂的语言。文文的爸爸十分着急，便带着文文去医院做检查。但是，检查结果是，孩子并没有什么不正常，就是不会说话。

后来，专家经过了解才知道，原来文文的妈妈在文文3个月大的时候就离开了，没有人照料文文。爸爸就请保姆照顾文文，但是由于诸多原因，先后换过4个保姆。这些保姆来自不同的地方，由于平时只有保姆和文文在家，保姆说的是家乡话，而这4个保姆说的家乡话完全不同，这让文文在吸收语言的时候无法找到一种固定的形式，只是吸收了一些语音，所以，在需要表达的时候只有语音而没有词，这就是他嘴里说的"怪语"，一种大家都听不懂的语言。

显然，文文是在语言敏感期由于所处的环境中语音过于复杂，错过了学习语言的最好时期，才没有学会说话，而只能说一些谁也听不懂的语音。

可以毫不夸张地说，孩子在3岁之前，他们可以毫不费力就能学会语言，但是如果孩子错过了学习语言的敏感期，即使付出数倍的努力，也不一定能取得满意的成果。

婴儿从6个月开始，就会发出一些单音，直到1岁后，他们才能说几个词。在经历了一个长时期的积累后，他们突然开始有意识地学习说话，开始意识到语言与他周围的事物有关，有意识地掌握语言的愿望也会变得越来越强烈。

许多父母都会发现，没有什么比让一个两岁左右的孩子闭嘴更难的事了。这时的孩子急于与别人交流，但由于语言能力贫乏，他们会因为大人不理解他们的意思而大发脾气。两岁后，孩子逐渐地将他们所获得的对物品的感受和认识与语言配对，便会形成有关事物的概念。

父母应该了解语言的发展规律和阶段性，应该了解孩子的心理发展过程，科学地帮助孩子度过语言敏感期。这一时期，最要不得的是，父母一遍一遍地教孩子自己想让他们说的话，然后再拷问他们。孩子学习语言有自身的规律，我们只能帮助他们去实现这一自然过程：第一，提供统一的语言环境；第二，在孩子因为无法很好地使用语言表达而发脾气时，父母应平静地倾听，并试图用语言表达孩子不能表达的内容。

○ 通过重复和模仿让孩子学习说话

孩子最早的语言就是从模仿开始的。在孩子七八个月大的时候，会有意识地发出一些"啊""呀"声音。当孩子不经意间通过模仿发出类似"妈妈"的发音时，会让许多父母欣喜若狂。孩子在看到自己的这个发音能够引起别人的兴趣时，他们就会不断

应对孩子模仿的方法

孩子在语言敏感期时，通过模仿可以学会很多的表达。因此，父母不要觉得孩子模仿会很烦，而应该理解孩子这个时期的行为。

❤ 1 **不要强迫孩子停止，让孩子自由模仿**

如果孩子对一句话很敏感，就会模仿，并没有实质的意义，所以不用强迫其停止。

❤ 2 **借此用自己正确的语言习惯影响孩子**

借孩子模仿的机会，父母可以教给孩子一些良好的语言习惯。

当然，父母也可以对孩子进行一些语言训练，让孩子从最早的单纯模仿，慢慢过渡到他自己对语言的组织和创造，这也有利于开发孩子的思维能力。

发出这个音，逐渐地就会把这个发音和对应的人或者事物配对。所以，孩子对语言的模仿可以说颇具天赋。

善于模仿是孩子的天性，他们对大人口中说出的所有话语内容都十分感兴趣，进而自己去模仿。比如，听到爸爸和客人在聊天，他就会站在一边学爸爸或者客人的话；或者在随同爸爸妈妈外出时，看到大人之间互相打招呼，他们觉得有趣，也会去模仿……当然，在大多数时候，孩子并不能理解大人们嘴里所说的话的含义，但是他们还是会很有兴致地去模仿，并乐此不疲。

亮亮的妈妈因为工作忙，所以亮亮基本都是由奶奶带的。在亮亮快2岁的时候，开始不断重复大人们说的话，往往让爸爸、妈妈和奶奶哭笑不得。

一天，妈妈下班回来后，就问亮亮的奶奶："妈，亮亮早晨几点起床的？"亮亮这时正在客厅茶几旁玩小汽车，在听到妈妈说话之后，又学着说妈妈和奶奶的话。

亮亮说："妈，亮亮几点起床的？"

奶奶回答说："好像8点吧！"

亮亮接着说："好像8点吧！"

妈妈又问奶奶："他吃东西了吗？"

亮亮说："他吃东西了吗？"

奶奶说："吃了几块饼干，刚才又吃了一点儿米饭。"

亮亮说："吃饼干，又吃米饭。"

妈妈又问奶奶："建国（亮亮的爸爸）回来了吗？"

亮亮说："建国回来了吗？"

奶奶说："回来了，又下楼买电池去了。"

亮亮学着说："回来了，买电池去了。"

说到这里，妈妈和奶奶听不下去了，没忍住就"哈哈哈"地笑了起来。亮亮也学着她们的样子，"哈哈哈"地假笑了几声。但是在这期间，亮亮一直在玩小汽车。

很显然，亮亮就是在重复妈妈和奶奶说的话。孩子在刚开始的时候可能只是模仿一个字，然后是一个词，随着时间的推移，孩子模仿的就会越来越多。而且，孩子模仿时，经常不分场合，只要是他们感兴趣的话，他们都会饶有兴致地重复说出来，还会表现得自得其乐。

这其实是孩子处于语言敏感期的常见表现，在这个阶段，父母不必介意。许多父母觉得孩子在客人面前一直重复大家说过的话，显得十分没有礼貌，其实，这与礼貌没有关系，父母不去管他，孩子一转眼就会忘记。但是，如果父母总是向孩子强调不要这样，这样很不礼貌，孩子反而可能会对那些话着重记忆，这样对孩子的语言发展并没有什么好处。

父母应该清楚，孩子在两三岁的时候会有想要引起别人注意的心理。在这样的心理作用下，如果他觉得这样重复说话可以引起父母的注意的话，孩子就会更多地去重复和模仿。反而是父母不会特别去注意孩子的这一行为，让其自然发展会更好一些。而且，在孩子的意识里，他只是认为那句话说出来很有意思，只是当时对那句话很敏感，也只是单纯地在模仿，他模仿出来的话其实并不具有什么真实的意义。所以，父母对此不必太介意。

○ 孩子爱上了骂人、说粗话

许多孩子在刚开始学说话的时候并不懂得什么样的话是好的、是礼貌的，什么样的话是不好的、没有礼貌的。所以，他们只要觉得好玩就会说。但是，随着孩子对父母或者其他人的话的模仿，孩子有时就会发现，有些话说出来能让人产生强烈的情绪变化。

比如，孩子会模仿妈妈对别的孩子说"小调皮"，然后就会发现大人对他的这句话特别关注，有时还会哈哈大笑，他就会觉得很有意思；或者他模仿妈妈的话，会对别的小朋友说"我揍死你"时，小朋友会哭着跑开，而父母就会生气，会教训他，这让他体会到了说这样的话的力量，孩子就会"迷恋"上说这样的话。

峰峰已经 2 岁半了，妈妈觉得峰峰特别调皮，除了睡觉，几乎没有安静下来的时候，但是玩是孩子的天性，因此，并没有刻意阻止他。但是，最近几天，峰峰竟然喜欢上了骂人。

晚饭后，峰峰想要去广场玩，可是妈妈还有很多家务要做，就对峰峰说让爸爸陪他去，可是峰峰坚持让妈妈去。峰峰纠缠了一会儿，看到妈妈还不打算去，就噘着小嘴说："坏妈妈！"妈妈有点生气，拉着脸说："你刚才说什么？"看到妈妈生气，峰峰没有害怕，反而说得更多了，什么"臭妈妈""屁妈妈"都出来了。妈妈扬起手来假装要打他，峰峰就边跑边对着妈妈做鬼脸，嘴里还是说着那样的话。

接下来的几天，妈妈下班回来后，邻居就会来告状，说峰峰今天又怎么骂人了，有时是骂别的小朋友，有时连大人也会骂。到了晚上，妈妈就会教育峰峰不要再骂人了，这样就不棒了，而且骂人的孩子，大家都不会喜欢的。可是峰峰总是嬉皮笑脸的，过会儿就忘了，第二天还是照样。这让妈妈一时间头疼不已。

其实，这是孩子在语言敏感期中经常会出现的状况，大多数孩子都会经历这样的一个时期。当孩子说出这种似乎很伤人的话时，对方往往会有比较强烈的情绪波动：爸爸妈妈可能会生气，其他小孩可能会被吓哭。对于这样的结果，孩子非常乐意看到，因为这会让他感觉到语言的力量，他也会发现使用这样的语言，会引起更多人的关注，甚至孩子还会因为得到更多人的关注而有自豪的感觉。

所以，爸爸妈妈不要太过在意，孩子不管是骂人，还是说了一些类似诅咒的话，孩子都并没有那样的本意，他说那样的话，其实并不知道这句话的真正含义，只是觉得他这样说，人们就会立刻有反应，他会觉得十分好玩，十分新奇。于是，他们就不停地重复这种行为，仅此而已。这样的行为在几个月之后自然就会消失，只要度过了这样的敏感期，孩子就不会不停地说这样的话了。

当然，说脏话是不对的，如果父母不加以管教的话，就可能会让孩子形成说脏话的习惯，长大之后更加不好改。但是，父母也要讲究方式方法，应该采取有效的措施来制止孩子。父母可以

孩子爱骂人怎么办

孩子在这个时期对某些语言只是出于好奇,他们并不知道那些话所代表的意义。所以,父母不必过于担心,往往几个月之后,孩子的这种情况就会自动消失。

1 尽量漠视孩子骂人的行为

正因为有人回应孩子骂人,孩子才会越发爱骂人,所以,父母可以不去回应。

2 寻找孩子骂人的源头

孩子骂人一般是跟别人学的,找到源头,尽量隔绝,时间长了,孩子就会淡忘了。

3 用良好的语言去回应孩子

除了漠视之外,也可以用良好的语言去回应,转移孩子的注意力。

4 在孩子使用礼貌的语言时,及时给予表扬

及时的表扬会让孩子有成就感,增加孩子学习礼貌语言的兴趣。

用孩子听得懂的语言，告诉孩子说脏话是一种不文明的行为，大家都不喜欢说脏话的孩子，这样，孩子慢慢就会理解和接受的。

○ 孩子说话有点口吃

　　虽然孩子在2岁的时候可以进行基本的对话和交流，但是流畅程度却并不理想。这是因为孩子在这个年龄段，由于受到心理发展和大脑发育的限制，还不能迅速选择与自己的想法相匹配的词汇。

　　所以，面对这个年龄段的孩子的"口吃"，父母不必担心害怕，因为这个时候的"口吃"并不是真正意义上的口吃。孩子在语言发展初期表现出的这种口吃，只是语言与思维的合理脱节。随着孩子的成长，当他们掌握的词汇量足以表达他们的思想时，当他们的心理逐渐发展，已经可以选择合适的词汇表现自己思维的时候，孩子"口吃"的现象自然就消失了。

　　毛毛虽然只有2岁，但是基本上什么都会说了，还经常和妈妈顶嘴呢。毛毛有什么想法，都会告诉妈妈。但是，毛毛只能说非常简单的句子，只要句子一长，毛毛就会不自觉地"口吃"，而且越是急于表达的时候，这种情况就会越严重。

　　有一天下午，妈妈在厨房做饭。毛毛跑回家，着急地喊："妈妈，妈妈——"妈妈听到毛毛的声音有些着急，还以为出了什么事情，就赶紧从厨房出来，看到毛毛气喘吁吁的样子，连小脸都涨红了，就问他："怎么了，毛毛？"

毛毛因为有些着急，也有些兴奋，说道："妈妈，我……我……告诉……你……你，那……那个……有个人……嗯，那……"

说了半天，毛毛也没说明白。妈妈叹了一口气，皱着眉说："毛毛，不要着急，慢点儿告诉妈妈，有一个人怎么了？"可是，毛毛要说的是在外面遇到的事情，有些长，不知道该怎么表达，所以说起来还是口吃。妈妈看着这样的毛毛十分着急，就大声说："别结巴！好好说话！"

毛毛并没有觉得自己口吃了，也没有发觉自己说话慢，看到妈妈这样凶巴巴的，就更加着急了，结果，什么也不敢说了。

很显然，毛毛的妈妈吓到孩子了，因为孩子并不会觉得自己是"口吃"，他只是在思索用什么样的词语来表达自己的想法。所以，面对这个年龄段孩子所出现的这种现象，父母一定要有耐心。孩子慢慢就会找到适合的词语，然后经过几次"口吃"之后，就会把自己的意思表达出来，这个时候，父母再根据听到的话慢慢重复一遍孩子想要表达的，然后再让孩子说一遍，由于这时孩子已经理清楚了，就可以比较顺畅地表达了。如果孩子不会表达或者表达的意思不对，父母可以纠正孩子，告诉他们正确的词语，让孩子再重复一次。经过几次训练之后，孩子就不会感觉到自己有"口吃"的毛病，心理上也不会受到伤害，词汇量还会不断增加。

如何面对孩子的口吃

大部分孩子在小的时候,由于语言表达能力有限,所以在组织语言的时候,可能说话的速度跟不上大脑的速度,因此就会出现口吃的现象。

1 不要讥笑、斥责孩子

孩子出现这种情况很正常,如果大人讥笑或者斥责孩子,会让孩子由于受到惊吓而更表达不出来。

2 耐心鼓励孩子慢慢说

父母对此一定要有耐心,鼓励孩子慢慢说,缓解孩子的表达压力。

3 对孩子持续的口吃现象不要掉以轻心

一般来说,孩子慢慢就会顺利说话,但是如果持续口吃下去的话,就会变成真的口吃,那就要对孩子进行治疗。

总之,在孩子口吃现象发生的特殊时期,父母应该注意放低自己对孩子的要求,给孩子提供一个相对宽松的语言环境,帮助孩子顺利度过这个特殊的敏感期。

第二篇

2.5 至 3 岁，关注孩子的敏感期

第一章
自我意识产生的敏感期
——"我的，什么都是我的"

○ 解读孩子的自我意识敏感期

随着孩子的成长，自我意识便会产生。父母会发现，之前大方、乐于分享的孩子，突然变得"小气"了：不许别人动他的玩具；不许别的小朋友摸自己的童车；自己手里的东西不会借给别人……而且，突然还变成了小大人：这个不要别人帮；那个不要别人拿；自己想要干这干那的；对于别人的插手会大喊大叫……

两三岁的宝宝，当他说"这是我的""我要自己来"的时候，就表明孩子开始意识到自己具有影响周围人和环境的力量——这是孩子心理发展的第一次飞跃。

有些父母因为习惯了孩子受自己的"摆布"：让孩子干什么，孩子就干什么；为孩子干什么，孩子就接受什么，因此，当孩子突然变得有主见时，父母会十分不适应，觉得孩子在反叛、对抗。其实，这种抗拒是孩子心理迅速成熟的表现，也是独立性和自信心发展的好时机。

丁丁以前什么事情都是妈妈帮他做，洗脸、刷牙、吃饭、穿衣，都是任由妈妈摆布。但是，这几天，丁丁突然对什么事情都来了兴趣，非要自己做。早晨起床后，妈妈给他穿衣服，但是丁丁就是不配合，嘴里还说着："我自己穿，我自己穿。"当然，妈妈全然不管不顾地让丁丁自己穿也不太现实，因为丁丁还不能顺利地自己穿上衣服。但是，只要妈妈一伸手要帮忙，丁丁就会大叫。直到最后，妈妈说再不穿好衣服上幼儿园就要迟到了，丁丁才在妈妈的帮助下穿好了衣服。

可是事情并没有结束，在洗脸的时候，妈妈给丁丁的小脸盆里接上水，丁丁又不乐意了，非要自己接水，妈妈让他自己再接一点儿，丁丁不同意。妈妈只好把脸盆里的水倒出来，再让丁丁重新接水，这下丁丁才不闹了。妈妈说丁丁最近总是这样，什么事情都要亲力亲为，别人帮忙也不可以。

孩子在两三岁后已经可以独立行走，思维得到了进一步的发展，语言能力也得到了开发，具备了表达自我、探索世界的能力。这个时期的孩子，心理已经有了一定的发展，因此，当他按着自己的意识开始探索世界的时候，就希望自己的行为能够顺利进行，不愿意自己独立的行为受到限制和干涉，否则，孩子就会寻求自我保护或者反抗。因为此时的孩子正处于自我的敏感期，对阻挡他发展自我的行为是非常敏感的。如果父母制止，孩子就

孩子要求"自己来"

当孩子有了独立意识之后，就会开始想要自己做一些事情。当父母帮忙的时候，孩子就会不高兴，要求"自己来"。

1 教会孩子"自己来"的技能

孩子的年龄小，能力不足，许多事情不能独立完成，因此，父母可以耐心指导，做好示范。

2 给孩子独立做事的机会

要在保证安全的前提下，多给孩子锻炼的机会，增强他的独立性。

3 提醒孩子，让他持之以恒

许多事情只是孩子一时兴起想做，他们的情绪并不稳定，父母要对孩子进行帮助和督促，提醒孩子按时去做该做的事。

当孩子非要做他能力达不到的事情时，父母要耐心地给孩子讲清楚道理，让他明白不能做的原因，而不能只是简单地进行制止。

会强烈反抗,高声说"不",并大声哭闹!

当然,父母也不要被这种强硬的态度迷惑了,认为孩子已经想好了自己要做的事情了。其实,这个年龄段的孩子由于心理发展还不成熟,在思考问题的时候,只能从一个维度考虑,根本无法考虑到事情的动机和后果,也没有什么判断能力,更没有分辨对错的能力,对于什么是危险的事情,什么是不危险的事情,根本不会区分。他的想法只是我想这么做,那么我就这么做。所以,当孩子做的事情有危险的时候,父母还是要想办法及时制止孩子。

○ 孩子似乎有点"自私"

在孩子2岁多的时候,许多父母会发现,当别的小朋友来家里玩时,自己的孩子会不愿意和别人分享玩具,也不愿意让别人看他的故事书。就算是自己平常不喜欢玩的玩具,只要别的小朋友拿起来,孩子就会立刻抢回来,坚决不允许别人动他的东西。自己的东西不让别人玩也就算了,当带着孩子去户外玩的时候,只要见到别的小朋友手里的玩具好玩,就会跑过去不由分说地抢过来,还振振有词地说:"这是我的!"然后强行占为己有,妈妈总是被孩子弄得十分难为情。

其实,这是孩子在心里构建了一个自我,开始出现自我意识了,他们会逐渐把自己和周围的环境和人区分开。当然,这个年龄段的孩子心理发展还不成熟,还不能清楚分辨什么是自己的,什么是别人的,所以有时就会抢夺其他小朋友的东西。

笑笑已经3岁了,却十分"自私",妈妈拿她一点儿办法也没有。虽然妈妈每天都给她讲道理,让她学会分享,与朋友快乐相处,但是一点儿效果也没有。

平常,笑笑经常会到邻居家玩。她每次去都是玩小妹妹的玩具,有时对于喜欢的玩具还非要带走,妈妈都会强迫她给小妹妹放下,如果想玩的话,第二天可以继续来玩,但是不能带回自己家里。但是,笑笑根本不听,非说玩具是"我的,我要拿回去",妈妈觉得十分不好意思。邻居笑着说,让笑笑拿回去玩玩再送回来吧,一听到这话,笑笑就开心地拿回家了。

如果小妹妹到笑笑家玩,笑笑有那么多玩具,却一个也不让小妹妹玩。小妹妹拿一个,笑笑就会抢过来,说:"这是我的。"就算是自己原本不想玩的玩具,这个时候也会变得好玩了,统统要拿回来自己抱着。到最后,小妹妹一个也没有拿到,就气呼呼地走了。等小妹妹走了,笑笑也就不玩那些玩具了。

有的孩子在这个年龄段已经开始上幼儿园了,但是,即使是在幼儿园,他们带去的东西坚决不允许别人碰一下,就连老师也不准拿他们的书包,就是帮忙也不可以。有的孩子书包里的东西太多,自己又小,可能会背不动,但是他宁愿自己拖着书包走,也不愿意让老师帮忙背,就是因为这个书包是他的,他必须亲自

应对孩子的"自私"

虽然说这个时期的孩子都会让人感觉有点"自私",却也没什么大问题,但是,如果按照这样的思维方式发展下去,就会影响孩子的人际交往。所以,父母还是要尽量引导孩子不要"自私"。

① 不溺爱,不给孩子搞特殊待遇

② 创造机会,让孩子懂得关心他人

③ 及时提醒,帮孩子树立正确的价值观

父母要注意,对于自私的孩子不能简单地要求孩子大度一些,或者强迫孩子拿出东西与人分享,这种简单粗暴的方式根本无济于事,还会给孩子造成心理伤害。

拿着。当然，孩子自己带来的零食更是不愿意和别人分享了。这个年龄段的孩子，什么都是"我的"，好像他们唯一的事情就是看着自己所有的东西，除此之外，任何事情都不重要。

父母常常会感到不解，甚至感到难堪，觉得没法改变和说服孩子，甚至习惯性地把孩子的这些行为解释为孩子自私的表现。如果这种现象再持续下去，父母就会说，我的孩子怎么越来越自私了，什么都不让别人动，动不动就说"这是我的，这是我的"。实际上，这个阶段的孩子的表现跟自私是毫无关系的，我们一定要区分自我和自私的关系。自私是指在利益上发生冲突时，我们选择了损害他人的利益，而满足了自己的利益，这种行为才叫自私。那么自我呢？指的是一个人可以按照自己的意愿、情感、心理和意志的需要行使自己的计划、支配自己的行为。那么，孩子为什么会有这样的表现呢？

这是因为，孩子的成长过程就是一个心理自我建构的过程。在这个心理建构的过程中，最初孩子是通过占有属于自我的东西来区分自己和他人的，当孩子占有了自己的东西，当这个东西完全属于他的时候，孩子才能够感觉到"我"的存在，这也是孩子的自我诞生的标志。

此时，父母应该满足孩子的这种心理需求，不要谴责孩子的行为。这样，我们就给了孩子一个构建自我的良好环境。

○ "不"成了孩子的口头禅

1至3岁被心理学家埃里克森称为"自主与羞怯和怀疑的冲突"的阶段。在这个阶段,孩子会主动形成一种与外界的关联感,尝试着去认识自己的能力。他们渴望控制自己的心理需要和倾向,争着抢着要自己洗脸、洗手、穿衣服,喜欢按照自己的意愿去探索外面的世界。如果此阶段父母没有干涉孩子,让孩子去做想做的事情,孩子就获得了自主,就会觉得自己是独立的,很容易形成自信的人格。

孩子在1岁左右还处于认识自己身体的阶段,他们开始感知自己的身体不同于外界物体。到了2岁以后,孩子就可以到处跑了,他们的探索欲望更加强烈,心理成长也更快,迫切地想要展示自己的实力。到了这个时期,孩子就喜欢用"不"来反抗别人。到了3岁的时候,孩子的自我意识会更强烈,喜欢自己动手做事情。所以,对于这个时期的孩子,如果做的事情没有什么危险,完全可以让孩子自己去做,父母教教孩子怎么正确操作就行。

朗朗马上3岁了,但是妈妈发现,朗朗没有小时候听话了,现在越来越难管教了。吃饭前,妈妈说:"朗朗,洗手了!"朗朗把手往身后一背,说:"不洗手!"妈妈刚一转身,他抓起一个馒头就往嘴里塞。

朗朗以前挺有礼貌的。但是,前几天家里来了客人,妈妈

孩子学会了说"不"

3岁的孩子开始学会反抗父母,开始对父母说"不",其实,他只是希望自己的行为不受父母的干涉。对此,父母可以这样做:

> 如果你不睡觉,你可以选择听一个故事,或者继续看10分钟动画片,你选择哪一个?

> 我想听灰姑娘的故事。

❤1 不要直接说任务

如果孩子对某一事物特别逆反,但又不得不做,父母可以先不对孩子说明,而是引导孩子不知不觉地去做。

❤2 让孩子自己决定

如果让孩子自己决定做什么、怎么做,孩子会因为要实践自己的决定而很配合。

> 既然这样你就哭吧,妈妈先去做饭了。

❤3 先放一放

如果孩子正在做过分的事情,父母制止不听的话,不妨先放一放,孩子觉得父母不在意了自然就会停下来。

几乎每个孩子都会经历这个时期,孩子的表达能力有限,只能通过说"不"来表达自己的意志。因此,父母要理解孩子这个时期的心理,并加以引导。

让他打招呼，他就是不吭声。妈妈和客人聊天的时候，他则做出各种夸张的动作，妈妈让他不要做了，他噘着嘴说："不要。"弄得妈妈十分尴尬。

妈妈告诉朗朗不能碰插板、插座之类的电源，这些都有危险。可是朗朗就喜欢在电源旁边抠抠摸摸，妈妈只得每次用完电器就拔掉电源，并把插座堵上。

最近，朗朗不知从哪儿学了一句口头禅，总是说："我不，我就不！"有时候还歪着脖子好像故意和妈妈叫板似的。妈妈气急了就会忍不住打朗朗的小屁股，可是看着小人儿哭得那么伤心，妈妈又忍不住心疼了。

但是过不了多久，同样的事情还会再上演。妈妈说："每次孩子的脾气上来，都把我气得火冒三丈，忍不住会动手打他。可是每次打完，我既心疼又后悔。我真的一点儿办法都没有了！"

其实，上面例子中的妈妈要是懂得孩子的心理发展过程，知道孩子在3岁左右会进入一个什么样的阶段，会有什么样的表现，那么，她就不会那么烦恼了。

孩子在3岁左右的时候，随着自我意识的进一步发展，使得他们开始抗拒和拒绝别人的行为，开始有意识地练习使用自己的意志，比如用说"不"来显示自己的强大。他们陶醉在自己发出"不"这个声音的快乐感觉里。不管是和父母、老师还是小朋友在一起，也不管自己到底喜欢不喜欢、愿意不愿意，他们都会用

"不"来回答。

孩子为什么热衷于说"不"呢？这跟孩子的心理发展阶段有关。这个阶段的孩子自我意识迅速增强，在这之前，孩子的自我意识还不成熟，他们时常会把自己和周围的事物混为一体。随着其语言和运动能力的发展，他们与周围环境的接触越来越多，自我意识也就逐渐形成了。于是他们开始学会表达自己的愿望和要求，他们希望自己拿主意，构建自己能够主宰的疆域。他们之所以会用"不"来反抗父母，无外乎是希望自己的行为得到父母的认同，希望自己对这个世界饶有兴致地探索不受到限制和干涉，让自己充分地发展自我。

所以，当孩子开始频繁地说"不"来拒绝你的时候，不要把孩子的行为定性为"不知好歹"，更不要对孩子进行惩罚，而是要把这个当作孩子长大的信号，给孩子做想做的事情的机会，不去触碰孩子的底线。这样做不但利于孩子自我意识的形成和发展，还有利于孩子各项能力的提高。

○ 孩子的"自我中心"

在3岁左右的时候，孩子开始以自我为中心，也就是把自己放在首位，遇到事情往往从自己的角度出发，不重视甚至完全不顾及别人的想法和情绪。这是一种不良的人格倾向，不利于一个人的生存与发展。当然，大多数父母都不希望自己的孩子是这个样子，但是对于一个3岁左右的孩子来讲，这却是自我发展的必

谨防"自我"发展为"自私"

虽然孩子必须要经历"自我中心"的阶段,但是这一阶段的孩子很容易产生任性、霸道、自私的不良品质。因此,父母要积极引导孩子,帮助孩子顺利度过这一时期。

> 妈妈,我要吃那个!
>
> 那我们买两袋好吗?

1 适度满足孩子的需求

有的孩子去抢别人的东西,是因为没有得到满足。所以,条件允许的话,父母应尽量满足孩子的需求。

2 引导孩子社会性的发展

多带孩子参加一些集体活动,孩子在与同伴的相处中,可以学会了解别人的需要。

不管怎样,父母都要理解这个阶段的孩子都会有这样自私的表现,但是这种自私与成人的自私不同。只要父母加以引导,就可以改变孩子的这种状况。

经阶段。心理学家皮亚杰认为,3岁的孩子倾向于从自己的角度出发看待事物和进行思考,他们认为别人的思考和运作方式应该与自己的完全一致。因为孩子还没有意识到别人会有与自己完全不同的思考方式,所以,皮亚杰把这个阶段的此特点称为"自我中心"。

　　按照皮亚杰的认知发展理论观点,"自我中心"是个体心理发展的必经阶段。心理发展的每一个阶段,都是由一种形式向另一种形式转变,即更高的形式代替了较低的形式。3岁左右的孩子自我意识发展的水平还比较低,不能清楚地区分主体和客体的关系,常常以自己的需要和兴趣为中心观察世界,认为周围的人和事物都跟自己密切相关。他们往往从"自我"出发来进行行为选择和活动设计,而不考虑他人。面对物质分配的时候,他们会表现出强烈的占有欲,完全不会考虑他人。

　　小凯小时候十分听话,自己手里拿着好吃的,只要妈妈说:"宝宝,给妈妈也吃一口吧。"小凯就会伸手拿给妈妈吃。有时,他还会主动让爸爸尝尝自己的零食。但是,小凯现在已经快3岁了,反而变得不听话了,尤其是对于一些食物和玩具,坚决不允许别人碰一下。

　　有一次,妈妈油炸了一大盘虾。当盘子端到餐桌上的时候,小凯一下就把盘子拉到自己面前,自顾自地吃了起来。爸爸伸手要夹一只,小凯用手一挡,说:"这是我的,你不能吃。"爸爸妈妈给小凯讲了很多道理,小凯也没同意爸爸妈妈吃。最后,小凯不吃了,虾才回到了餐桌的正中间。

　　还有一次,邻居家的小朋友来小凯家玩。小朋友玩累了,就在小凯家睡着了,妈妈拿小凯的小被子给小朋友盖上了。小凯从卫生间出来，看到自己的被子盖在小朋友身上，二话不说直接拉下来抱在怀里说："这是我的，不让他用！"妈妈只好又给小朋友重新找了一条被子盖上。

小凯现在做事情从来不考虑别人，一切都要按照自己的想法去做，妈妈也经常教育小凯，但是小凯总是和妈妈顶嘴，说："我不要，我的就是我的，不能给别人，看看也不行。"

面对孩子的这种强烈的占有欲，有的父母可能认为孩子有些霸道和自私。当然，"自我中心"还有别的表现形式，比如在生理方面，孩子饿了就要吃，自己喜欢吃的东西不允许别人吃等；在思维方面，孩子觉得哪里不合自己的心意就会发脾气，完全不顾及别人的感受；还有的孩子不愿意和其他小朋友分享，在社交方面表现得十分自私等。

不管孩子的自我中心是以哪种形式表现出来的，父母都要认识到"自我"是这个年龄段的孩子特有的心理、行为特点，是他们"精神胚胎"发展的阶段性产物，也是未来发展的需要。因此，父母要尊重孩子的心理需要，只有这样，孩子的自我才能很好地建立起来，才会顺利地发展成为一个有自主意识、有判断力、有意志品质的人格健全的孩子。

第二章
空间敏感期
——喜欢在凳子上爬上又跳下

○ **解读孩子的空间敏感期**

当孩子的手、脚被唤醒,有了独立的资本以后,他就能够独立行走了。孩子认识到了自己和物的不同,知道自我是独立于外界的。这样,孩子的心理就会不断成长和成熟,出现新的心理需求。在新的心理需求的作用下,他开始新的探索,他会探索这个世界上的这一物和那一物在位置上的区别、自我和物之间的关系、物和物之间的关系等。于是,空间敏感期就来到了。

由此,孩子就有了不断地在不同的地方爬来爬去的行为,或者把一个东西移过来移过去。渐渐地,他还会喜欢上往高处爬,从高处往下扔东西,把里面的东西取出来,把外面的东西塞进去,这其实都是孩子认知空间的最初过程。孩子喜欢钻进不同大小的空间的感觉,喜欢爬上爬下、跳与跑,喜欢旋转、攀爬等。

月月两岁半的时候,爸爸带她去郊外玩。那是很大的一片湿地,春夏之交,人们可以尽享暖阳和微风,非常惬意!爸爸

带领孩子感受空间

为了让孩子很好地度过空间敏感期,使孩子在对空间有了良好感知的基础上,拥有对空间的把握能力,家长可以通过一些小游戏来支持孩子的行为。

1 掏着吃

吃袋装或罐装的食物时,可以和孩子玩掏出来、放回去这样的游戏,这样"进去""出来"的语言,可以让孩子了解空间。

2 拉小车

可以买一辆小车,系上绳子,让孩子拉着玩,车里面可以随便放东西,可以说"前面""后面""里面"这样的词语来培养孩子的空间感。

3 钻洞洞

在这一敏感期的孩子会对洞很感兴趣,父母可以制造一些洞让孩子钻,还可以加深亲子感情。

当然,最主要的是给孩子足够的时间和空间,让孩子能够自由探索。这样,不仅可以锻炼孩子的空间感,还能提升孩子的自信。

选了个好位置，把气垫充好气后，就开始了和女儿的快乐时光！

月月很快就被这里的视野开阔、赏心悦目的景色吸引了，看什么都有趣，连走带爬地玩疯了。她抠树根、拔小草；一会儿爬上大石板跺跺脚，一会儿又手脚并用地爬下来，扭头看看，又开始往上爬，累得哼哧哼哧的。

突然，月月愣住了，盯着石板看了好一会儿，然后用手抠了起来。原来石板上有一个小洞，月月看到小洞，就往里面塞小树叶，一边塞还一边"哇！哇"地自己给自己助兴！

不一会儿，月月玩够了这个小洞，又被树下的土吸引了。树下的土可能被什么人刚刚铲过，非常松散，月月就开始堆土堆玩。她一边玩一边对爸爸说："我要盖一个大楼！"她随便堆了一会儿就开始给爸爸介绍自己的大楼了，然后不等爸爸评价，就将其推倒了。接着，她准备堆一个公园。这就是孩子的世界，大人真的好难懂啊！

月月显然是进入了空间敏感期，开始对世界展开了新的探索，着迷于空间的建立。这个时期，孩子的探索欲望会更加强烈，受内在心理的驱使，孩子有了向更广阔领域发展的欲望。孩子的空间感不是大人所想的那样，是靠想象营造出来的，而是靠身体感觉出来的；也不是长大后在课堂上习得的，而是小时候就建立起来的。虽然孩子是有吸收性心智的，但是孩子要借助于外在的环境才能完成内在能力的觉醒。所以，父母只有尊重生命的

自然法则，才能让孩子顺利而成功地成长。爬、走、上下楼梯、钻洞洞，孩子不断突破极限，创造自我，从而建立空间意识。虽然这个过程的孩子会很累，但是他们乐此不疲，因为他们在努力地创造一个独立的自我。

孩子在3岁以后，空间感会进一步加强，此时，他们最热衷的就是不断地堆积：在沙滩上堆积沙堡，堆成之后再推倒，再堆再推倒；在家里堆积木，堆好之后推倒，再重新堆……他们有时甚至对着推倒的作品哈哈大笑，一点儿也没有自己的作品被销毁后的失落。因为这是他们在建立自己的空间感，他们在感受这种建立的快乐。

○ 父母不要干涉孩子的探索

空间敏感期是所有敏感期中最有趣的一个敏感期，因为通过空间，我们被一下子界定在一个位置，这个位置在早先还是一个感觉状态，在其后的发展中，位置就逐渐转换秩序。如果没有对空间的感知，就不会发展出更为抽象的秩序。

所有孩子在出生时，从子宫里落到一个大空间中，首先，他体验的必须是空间。他要在空间中体验空间，使用自己的身体体验空间，然后通过超越自己的身体，探索这个物质世界的空间，才能够把自我跟现有的物质世界完好地结合在一起。

我们设想，幼儿早期可能以为自己和外界是一体化的，要明白自己和他物是分离的、物与物也是分离的道理，幼儿需要2至3

鼓励孩子去探索

孩子都是希望通过自己的方式去探索、尝试，去了解这个世界。而孩子也需要这样的探索来不断成长。

1 给孩子探索的自由

给孩子足够的自由，让他按照自己的步伐去探索，这才能给孩子真正的快乐。

2 和孩子一起探索

和孩子一起探索，不仅能满足他的探索欲望，更能丰富孩子的生活经验和社会经验。

3 鼓励孩子对空间的想象

孩子在探索的过程中会有很多的问题会问，这个时候，父母可以不直接给出答案，而是鼓励孩子思考，增强孩子的想象力。

总之，探索、尝试是孩子的天性，假如孩子对于空间的探索能够得到父母的支持，孩子将会从中学到更多的知识，成为孩子继续探索世界的动力。

年的时间。当他能够行走、使用手时,移动身体就成为幼儿早期探索世界的集中表现。手的敏感期、行走敏感期、空间敏感期接踵而至,使孩子开始"征服"他能够涉足的任何地方。

茜茜在两岁多时几乎可以到任何地方了,高一点的地方她可以爬上去,小的地方她也会想办法钻进去,几乎没有什么地方是她不能去的。

虽然茜茜是个女孩子,却一点儿也不文静,总是上蹿下跳的,妈妈觉得这是孩子的天性,所以并没有阻拦,只是跟在茜茜的身后保护她。

一天下午,妈妈带着茜茜去楼下玩。玩了一会儿,只见她冲着石阶外一片茂密的植物迅速爬了过去。已经接近石阶边缘了,她还丝毫没有减速,这时候妈妈反应过来——石阶外的地比石阶矮很多,植物的高度却与石阶相近,茜茜不知道那是一个大陷阱!说时迟那时快,茜茜的左手已经重重地按在叶子上了,整个人头朝下栽了下去,叶子一阵晃动,茜茜不见了,只剩下一双穿着粉红色小鞋的脚在石阶上挂着。妈妈冲到石阶边,手忙脚乱地抓着那双小脚把茜茜捞了上来。

所幸,茜茜没有受伤,而且也没有哭。妈妈定定地看着她,出乎意料的是,茜茜丝毫没有害怕,而是有些迷惑的样子。茜茜挣脱妈妈的双手,迅速向石阶边爬了过去,但是在离石阶30厘米远的地方停了下来,俯下身子,慢慢爬到边缘,极其小心地伸手去按叶子，又退了回来，又向前爬，按了按叶子，然后转身又爬下来了。这时，茜茜的眼睛里充满了笑意，而不是刚才的迷惑了。妈妈知道，这时的茜茜已经什么都明白了。

空间敏感期可能给父母造成的危机感比较大。许多妈妈因为害怕，不许孩子趴在桌子上，不许孩子从高台上往下跳，不许孩子钻到一个小地方……

其实，很早的时候，国际上就有一个"视崖实验"：儿童在玻璃上爬行，但凡看到玻璃板下面有一个在视觉上出现低洼的部分都不会爬过去。这证明儿童对环境的把握是有天然的自卫意识的。我们可以跟在孩子几米以外的地方保护他，而不要没完没了地唠叨，不要设置过多的限制，不要在孩子刚有点不平衡的时候就把手伸出去扶孩子。妈妈需要有承受危险的心理准备，不要把这种危险说给孩子，这会给孩子带来巨大的危机感，破坏孩子自己保护自己的能力，同时也使孩子丧失了探索世界的机会。

所以，要给孩子爱和自由。所有的孩子在这个年龄段都会有这样的心理需求，对空间的探索也会让孩子的心理得到快速地成长。这是一个孩子自我创造的过程、一个突破极限的过程。

○ 对孔情有独钟

意大利幼儿教育家蒙台梭利认为，有两样东西与人的智慧密切相关，那就是舌头和手。当孩子能够自由地使用自己的手时，手就成了他展示智慧的工具。

孩子用手去抓东西、扔东西等,那就是孩子在用手探索。随着孩子的不断成长,他就会用手去插孔,像插吸管、钥匙、瓶塞等,而且会反反复复地去做这个动作。实际上,孩子用手去插孔来探索空间也是在提升他的动作能力,锻炼他的手与眼睛的协调能力,同时也锻炼了手部的肌肉,增强了他的专注力。

允许孩子探索空间

孩子在空间敏感期时,总是对孔、洞十分感兴趣,只要看到就会不停地探索,乐此不疲。对此,父母应该:

1 允许孩子自由地插孔

孩子只有自由地探索,才能享受这个敏感期,才能让心智与动作共同发展。

2 不要呵斥孩子

孩子并不是在捣乱,只是在探索。因此,父母不要呵斥孩子,否则会浇灭孩子的探索欲望。

> 其实,只要父母耐心对待孩子,孩子有了充分的探索,顺利度过这一敏感期,孩子的心智就会成长一大截。

在空间敏感期时，孩子出现插孔等行为是十分正常的，这表明孩子的手有足够的灵活性。

刚刚 3 岁的齐齐每天都会有很多玩具，而且这些玩具还在不断地变多，妈妈并没有给齐齐买新的玩具，这些玩具都是齐齐自己搜集的。原来是夏天到了，许多人都会喝饮料，街上也有很多别人扔掉的饮料瓶子、奶盒子之类的东西，齐齐都会搜集起来带回家，然后会玩上很长时间。

这样的东西有什么好玩的呢？对于齐齐来说，这些东西比妈妈买的玩具小汽车还要好玩，他每天都会不厌其烦地把吸管插到饮料盒的插孔里，然后再拔出来，再插进去，就这样他可以安静地玩上好一阵子。

有些饮料盒子的插孔非常小，齐齐的小手无论如何都对不准那个小孔。但是齐齐也不生气，就一直努力去尝试。后来，经过不懈的努力，他好不容易才把吸管插了进去。齐齐长长地舒了一口气，就好像刚才一直是屏住呼吸的一样。

现在，齐齐已经很容易就能把吸管插到饮料盒的插孔里了。尽管如此，齐齐还是对这件事情非常感兴趣。每次到街上，只要看到饮料盒子就会带回家。有时，他会带回一些盖着盖子的饮料瓶子，齐齐就会把盖子都拧下来，然后自己再盖上去，拧下来容易，但是往上盖的时候却常常会出现差池。这个时候，齐齐又会发扬他不放弃的优点，一点点地摸索，直到最后成功地盖上盖子并拧紧。

许多父母看到孩子无缘无故地到处插孔时，会认为孩子是在捣乱、搞破坏，甚至会大声呵斥孩子。这些父母显然是不了解孩子在这一敏感期的心理，只是想把孩子培养成一个听话的、循规蹈矩的孩子，于是才会想方设法地约束孩子这些"破坏性"的行为。

但是，许多父母眼中的乖宝宝的感受空间的能力、想象力、创造力、智力潜能、动作协调能力都会比较差。其实，孩子到处插孔的行为并不是孩子在捣乱，只是孩子探索空间的正常表现。父母只要欣赏孩子的游戏过程就好，但也可以适当地引导孩子，切记不要呵斥，更不能打骂孩子。

○ 垒高成了孩子的新游戏

孩子通过抛撒、移动物体来探索空间，感知他和物品、空间之间的关系。

孩子在1岁多时，就能把积木垒得高高的，而且也会推倒积木，当妈妈的因此会觉得孩子十分可爱，并为孩子的这一举动开心不已，孩子就会对这件事情更加感兴趣。但是，这个时期的孩子对垒高有兴趣大多是因为父母等人的反应，他们喜欢这样的反应，而不是对垒高这件事情本身感兴趣。

孩子在3岁左右时，垒高往往成了他们非常喜爱的一种游戏。他们会把积木一块一块地垒起来，然后推倒，再垒高，再推

关于孩子的垒高行为

孩子对于空间概念的理解都是通过游戏获得的，而垒高就是很好的了解空间的游戏。所以，对于孩子的垒高行为，父母应该做到：

1 让孩子拿安全的物品垒高

安全对于孩子是最重要的，一定要注意检查孩子垒高的物品是否安全。

2 别禁止孩子的垒高行为

孩子喜欢反复垒高、推倒，父母可能觉得十分无聊，但是孩子很享受这个过程，因此不要去禁止他。

3 和孩子一起玩垒高的游戏

和孩子一起垒高，不仅可以锻炼孩子，还能增进亲子关系，何乐而不为呢？

在垒高的过程中，孩子不仅可以感受空间，还会锻炼手、眼、脑的协调能力，这是个非常好的儿童游戏，只要在安全的情况下，父母不必过于担心孩子。

倒……不厌其烦。不仅仅是积木，有时他们还会把家里的东西搬到一起，摞起来，然后推倒，再摞起来，再推倒……其实，垒高是对空间感受的一个过程，这个敏感期有可能会推迟到孩子的小学阶段。

可以这样说，将物品垒高的过程就是一种积极主动的思维过程和心理不断发展的过程。在不断地垒高、推倒、重垒的过程中，孩子逐渐建立了三维空间感，并促进了孩子的视觉、触觉、想象力和创造力的发展，同时促进了孩子心理的成熟和大脑的发育。

"哗"的一声，2岁6个月大的希希又将豆子撒了一地。这已经是第三次了，妈妈看了一下满地的豆子，再看看兴高采烈的希希，就知道暂时不能指望她能将豆子归位了。妈妈走过去把豆子再收起来，希希很快就发现妈妈在不停地将豆子归拢，这个发现让希希更起劲地将豆子撒到其他地方。伴随着豆子"啪啪啪"落地的声音，希希的脸上露出微微的惊喜。

不只是豆子，希希还喜欢把积木堆高再推倒。一天下午，希希认真地把积木一个一个摆好，再一点一点垒上去，逐渐加高了高度。但是，还没有垒太高，积木就倒塌了。虽然希希很喜欢推倒积木，但似乎并不喜欢积木自己倒下去，于是赶忙又开始重新垒高。这次，希希拿着积木，有些迷惑，不知道该怎样垒才不会倒塌。这时，妈妈给希希指了指体积大一点的积木，希希就把大的积木放在下面，再在上面逐渐放小的。果然，这次没有半途就倒塌。

在妈妈的帮助下，城堡很快就垒完了。看着高高的城堡，希希开心地笑着，但是没有几秒钟，希希就伸手将城堡推倒了，自己还开心地拍着手哈哈大笑。每次，希希都会把全部的积木推倒，一个都不剩，然后，再开始新一轮的搭建工程。每次这样反复垒高，推倒，再垒高，再推倒……这样，希希可以玩整整一个下午，乐此不疲。

由于孩子是通过物体的位置来感知空间的，而且孩子对空间概念的理解都是在游戏中获得的，所以，父母可以借这个机会让孩子了解更多的空间概念。就如上面例子中的希希，在垒高的过程中感知空间，在和妈妈一起玩游戏的过程中了解空间概念，让孩子明白大的物体放在下面就会比较牢固的道理。

同时，在拿物品并垒高的过程中，孩子的肢体肌肉也能得到良好的锻炼，手、眼、脑的并用也逐渐趋向协调。所以，父母要支持孩子的垒高游戏，不要因为自己觉得这样重复的游戏没有意思，就禁止孩子垒高。

第三章
秩序敏感期
——需要一个稳定且有秩序的环境

○ 解读孩子的秩序敏感期

对于幼儿来说，世界是以一成不变的程序和秩序而存在的。这种程序和秩序进入幼儿的内心，会成为幼儿最初的内在心理逻辑。秩序敏感期一般在2岁左右的时候到来，到3岁的时候，会发展到执拗的地步。

一般来说，处于秩序敏感期的孩子在构建内在秩序的同时，对外在的秩序会有以下的要求：场所、位置、空间、时间、顺序、所有物、约定、习惯等都要按照常规走。如果外在的表现不符合他内在的秩序，他就会不开心或者大声抗议。

儿童心理专家分析，儿童的秩序敏感期呈螺旋式上升的三个阶段：第一个阶段，为秩序的破坏而哭泣，秩序一旦恢复就会安静下来；第二个阶段，为了维护秩序而说"不"，自我意识开始萌芽；第三个阶段，为了维护秩序而执拗，一切要重新来。

多多3岁了，已经上幼儿园了，每天下午都是妈妈接多多。

这天，妈妈接多多回来，刚上楼梯，多多就不乐意了，大声说："我先上！"妈妈就站在台阶上等多多，说："好，你先上，你上了妈妈再上。"但是，多多还是不乐意，非让妈妈下来，等自己上去之后，妈妈再重新上去。妈妈十分无奈，只好退下来，看着多多迈上去，再一步步地跟着走。

平常一家人吃饭的时候，多多是挨着奶奶坐的。有一天，爸爸挨着奶奶坐下了，多多发现后就开始哭闹，说爸爸占了自己的位置，让爸爸走开。妈妈告诉多多，今天奶奶累了，不能喂多多吃饭了，所以，今天妈妈来喂多多吃饭。但是多多还是不同意，最后，实在没办法，爸爸换了个位置，让多多坐在了奶奶的身边，然后妈妈换到了多多的另一边，这下多多才不闹了。

晚上睡觉时，妈妈怕多多掉下床去，让多多睡在爸爸妈妈中间，爸爸在多多的左边，妈妈在多多的右边。每天晚上睡觉的时候，多多都会给大家规定位置，哪天爸爸妈妈的位置不是这样的，多多就不乐意了，非要他们调换过来不可，要不就又哭又闹。

孩子如此要求"和从前一样"，就是因为多多正处于秩序敏感期，希望事情能够根据自身内在的秩序来完成。

处于秩序敏感期的孩子对于秩序的完美，有着一种近乎顽固的追求，比如，东西就应该放在哪里、哪件事就应该先发生、谁应该做这件事等。父母可能会觉得孩子太执拗了，其实秩序是一种有条理地、有组织地安排各构成部分，以求达到正常的运转或

孩子在秩序敏感期会让所有物品都归位

在秩序敏感期的孩子，有一种把物品归位的冲动。如果不归位，孩子就会感到焦虑。那么，父母该怎么做呢？

1 理解孩子的归位行为

这不是孩子任性，只是内心的秩序不愿意被人破坏，所以，父母应该理解孩子的这一行为。

2 借机培养孩子的自理能力

比如让孩子把鞋摆放好等，当孩子做这些的时候，就鼓励他，表扬他，强化孩子的这种行为。

3 与孩子做归位的游戏

秩序感对孩子的成长有积极的推动作用。因此，父母可以通过一些小游戏增强孩子的秩序感。

归位只是秩序敏感期中孩子的一种行为，在这个时期，孩子还会有很多要坚持的事情。对此，父母只要多理解孩子，配合孩子，就可以帮助他们顺利度过。

和孩子的内在秩序配对

孩子自己有一套内在的秩序,这个秩序对于孩子的成长非常重要。因此,父母唯有配合,为孩子营造一个有秩序的外在环境,孩子才能健康成长。

妈妈,你摆得好齐呀!

都要装起来。

我知道,不玩了就要把玩具收拾好。

❤ 1 给孩子提供有秩序的环境

父母先要给孩子创造一个有秩序的环境,才能影响孩子,让孩子逐渐增强自己的秩序感。

❤ 2 从小事培养孩子的秩序感

从小告诉孩子,先洗手再吃饭、进门先脱鞋等,从这些小事中逐渐培养孩子的秩序感。

当然,孩子在敏感期的反应会有些固执,但是良好的秩序感建立的过程,也是孩子健康人格培养的过程,父母要尊重孩子敏感期的反应。

者良好的外观的状态。孩子在这个时期构建好了内在的秩序,将来就可能是一个有秩序、懂规则的人。

处在秩序敏感期的孩子会对秩序表现出强烈的心理需求和喜爱,尤其是在对顺序性、生活习惯、所有物的要求上。秩序不仅是指物品放在适当的地方，还包括遵守生活规律，理解事物间的时间、空间关系，以及对物体进行分类，并找出它们之间的关系。当孩子从环境里逐步建立起内在秩序时，智力也会逐步增强。

○ 孩子乐于给物品找主人

其实秩序敏感期，最早在孩子三四个月大的时候就出现了，由于孩子不会表达，而妈妈又对此不太了解，所以，很多情况下，妈妈常常会误解孩子的意思。当孩子3岁左右的时候，他就会对秩序非常敏感，而且，这个时期的孩子已经善于表达了。

对于处于这个敏感期的孩子来说，秩序真的很神奇，他们会把所有的东西都按照原有的顺序摆放。因为在他们看来，周围的环境就是一个彼此相连的整体，已经在他的头脑中留下了深刻的印象，这就是秩序。只有在有秩序的环境中，孩子才会感到安全。这是这个时期孩子的心理特点，父母了解了孩子的这一心理特点，也就明白了孩子为什么如此执着于秩序。因为在那种没有安全感的环境中，孩子很难对周围的环境进行有效的认知，所以他们常常会哭闹。

贝贝3岁了，她的秩序感非常强，家里的东西都要按照一定的顺序摆放，吃饭的时候每个人都有每个人的位置，不仅自己必须坐在那个位置上，还不允许爸爸妈妈交换位置。除此之外，家里的每样东西，贝贝都知道它的主人是谁。只有主人才能用，

面对孩子的秩序敏感期父母需注意

孩子如果看到有人破坏了规则,或者有人使用了别人的物品时,就会认为规则被打乱了。因此,父母需要做到以下几点:

1 满足孩子的要求

在这个时期,父母要尽量满足孩子的要求,他们不是任性、固执,只是因为到了秩序敏感期。

2 和孩子做找主人的游戏

通过这样的游戏,孩子不仅能学会一些物品的名称,还能增进亲子间的感情。

3 给孩子一些专属物品

给孩子一些专属物品,让孩子来管理,还能增强孩子的责任心。

4 让孩子物归原主

这个时期如果孩子了解这个物品并不属于自己,孩子就会还回去,从而减少孩子抢夺别人东西的情况。

如果别人用了，贝贝就会生气。

有一次，妈妈下班回家后换拖鞋，发现贝贝爸爸的拖鞋就在旁边，便直接换上了爸爸的拖鞋，这下贝贝可不干了，对妈妈说："这是爸爸的拖鞋，你不能穿，不能穿！"贝贝非让妈妈换下来不可，可是妈妈有些累了，就没有理贝贝，直接坐在沙发上了。贝贝便走到妈妈身边给妈妈脱鞋，抬不动妈妈的腿就开始哭。最后，妈妈实在没办法了，就换下了鞋，这下贝贝才不哭了。等爸爸回家后，贝贝赶紧跑到爸爸的身边，把爸爸的拖鞋递上去，还不忘向爸爸告妈妈的状。

例子中的贝贝是在给物品找主人，这是3岁左右的孩子处于秩序敏感期时的一种常见的表现。由于孩子需要一个有秩序的环境来帮助他们认识事物并熟悉环境，所以他们就会喜欢给物品找主人，并且认为他所遵守的原则每个人都应该遵守。到了秩序敏感期的年龄阶段，孩子对这个陌生的世界已经开始有了自己的感知与认识，在他的脑海中逐渐形成了一些固定的秩序。一旦他所熟悉的规则被打乱，孩子就会感到无所适从，甚至因此感到焦虑，会用哭泣、发脾气来要求物归原主。

○ 不合要求就要重来

许多妈妈都有这样的经历，就是孩子在3岁左右的时候突然变得很固执，他有自己的一套程序，如果事情没有按照这样的程序来，或者父母没有理解他的意图而导致事情出现偏差，他会固执地要求重来。

许多不了解孩子这个时期的心理特点的父母都会十分苦恼，因为当孩子对秩序的追求逐渐增强时，就会开始对秩序感追求完美。比如，每天回家开门的时候，都是孩子来开门的，如果父母有时直接打开了，孩子就会生气，非要让大家都出来，关上门，然后他重新打开，这才罢休。

所以说，父母在孩子出现不断地重来的时候，一定要理解孩子在处于秩序敏感期时追求秩序的心理特点，满足孩子的心理需求，让孩子尽量顺其自然地发展。

敏敏已经2岁半了，但是还不会自己上厕所，可以自己脱下裤子，但是不会提上去。因此，每次上厕所都要妈妈陪着去才行。每次上厕所，敏敏都要自告奋勇地去开灯关灯，然后还会自豪地问妈妈："妈妈，我厉害吧？"妈妈就会配合地说她厉害，敏敏听了会非常高兴。

但是，最近敏敏变得十分固执，如果事情没有按她的意思去做，就会大哭大闹，妈妈真是拿她一点儿办法也没有。

有一次，敏敏去厕所，进去时是敏敏开的灯，等出来的时候，妈妈顺手把灯关上了，这下敏敏就不乐意了，竟然站在厕所门口不走了。妈妈想，可能是因为没有让她关灯，于是就把灯又打开，让敏敏来关。但是，敏敏还是不乐意，也不去关灯，而

耐心对待处于秩序敏感期的孩子

在孩子的秩序敏感期内,父母一定要有足够的爱心和耐心,如果不能保证孩子顺利度过这个阶段,孩子会因此而受挫。那么,父母应该怎么做呢?

1 耐心对待孩子要求的重来

父母不要觉得孩子太过计较而嫌他麻烦,更不能因此对孩子发火。

2 主动提醒孩子按照规则去做

如果父母直接替孩子做了,孩子就会哭闹。所以,父母可以主动提醒孩子去做。

3 用秩序感培养孩子做事的条理性

比如在吃饭的时候,教育孩子让长辈先吃,帮孩子养成长者先、幼者后的习惯。

只要父母善于引导,孩子在秩序敏感期可以养成不少好习惯。

是让妈妈从卫生间出来，然后牵着敏敏的手进去，敏敏打开灯，然后再走到门口，自己伸手关上灯，这才罢休。

还有一次，妈妈要带敏敏外出，妈妈替敏敏换好鞋之后系上鞋带，准备出去，但是敏敏指着鞋带说："解开，解开，我要自己系鞋带。"敏敏已经自己会系鞋带了，只是有点慢，妈妈说来不及了，等下次再自己系鞋带。可是，敏敏马上就哭了起来，怎么也不肯走。最后，还是妈妈妥协了，把鞋带解开，等着敏敏慢慢地系上鞋带，等出门的时候已经赶不上那班车了。

对于敏敏最近的固执表现，妈妈真是烦躁不已，却不得不听从敏敏的指挥，要不然这个小家伙就会哭闹不止。

许多妈妈都有敏敏妈妈一样的烦恼，可是面对孩子的哭闹又只能妥协。其实，一般来说，在一些非原则性的问题上，孩子如果要坚持按照自己的方式去做，父母不必勉强孩子，顺其自然就好。可能孩子在小时候比较听话，会按照父母的要求去做事。但是，处于秩序敏感期的孩子，心理发生了变化，有了新的心理特点，他们希望一切都是按照原来一定的顺序来进行，一旦打破了这个秩序，孩子的心理就会失去安全感，他们就会觉得这样是不对的，因此会不断地要求重来。

第四章
模仿敏感期
—— 大人做什么，孩子也跟着做什么

○ 解读孩子的模仿敏感期

从心理学角度来讲，模仿是每个人都具有的一种心理机制，或者说是一种本能。在日常生活中，每个人都有过模仿行为，即有意或无意地效仿和再现与他人类似的行为。换句话说，模仿效应在教育中非常重要，它是基本的学习手段，也是我们人类创造发明的基础。事实上，孩子在婴儿期就表现出了爱模仿的天性，例如，孩子的牙牙学语就是对成人语言的模仿。孩子生下来后，之所以学会了各种各样的本领、思想以及行为方式，很大程度上都要归功于模仿。

2至3岁的孩子正处在喜欢模仿的阶段。模仿是指孩子重复原型所显示的行为，这表明孩子的心智已经发展到了领悟和掌握某种行为背后的能力的时候了。

模仿是孩子对自己身体行为的一种确认，就好像孩子可以停在某一系列的动作中，然后将此动作重复出来，最终形成自己的能力。当然，这只是刚开始的模式，发展到后来，当然是对更抽象的事物的模仿，比如，语言、个人气质、风格等的模仿。在这个时期，周围人在不经意间的一个动作、一句话，甚至是一个眼神，孩子都能模仿得惟妙惟肖。

见见今年3岁了，最近一段时间，妈妈发现见见总是见到什么就学什么，酷爱模仿别人的动作、别人的话，甚至别人打

孩子的模仿行为

对于孩子来说，模仿有着深远的意义，父母应该想尽办法，让模仿发挥最好的效用。

我也打电话！

妈妈快看，我跟蜘蛛侠一样厉害！

赶快下来，妈妈还是觉得你学成龙更厉害！

1 引导孩子学习新技能

父母可以利用孩子的模仿，让孩子熟悉或掌握一些新技能。

2 让孩子有选择性地模仿

孩子对别人的语言和行为的模仿没有选择性，因此，父母要为孩子把关，引导孩子选择正确的模仿对象。

父母在教育孩子的时候，与其让孩子记住一些事情，不如注重身教，让孩子进行模仿。

个喷嚏,他也要学一下。

一天上午,妈妈带见见去商场。见见看见了一台玩具挖掘机,便嚷嚷着让妈妈给他买。但是家里已经有好几台玩具挖掘机了,没有再买的必要了。妈妈试图转移见见的注意力,让他暂时忘记挖掘机。可是,见见却不为所动,一直闹着要买那台挖掘机。妈妈问他:"为什么非要买那一台呢,家里不是有好几台了吗?"没想到见见说:"这个和亮亮的一样,我就要买。"亮亮是每天和见见一起玩的小男孩。见见因为这个和亮亮的一样,便非买不可。对此,妈妈十分无奈。

还有一次,妈妈带见见去超市。妈妈推着购物车,她往里面放什么,见见跟在妈妈身后也放什么。妈妈说一份就够了,不让见见拿。可是,见见却像玩游戏一样,乐此不疲。无奈之下,妈妈只好把重复的商品重新放回货物架上。可是,见见看到妈妈这样放回去,他也拿着购物车里的东西要放回去。妈妈一边整理购物车里的东西一边训斥见见:"这孩子,别捣乱!"可是见见哪里听得进去,还是妈妈做什么他就跟着做什么。

对于见见不分情况地模仿,妈妈有些担忧:这孩子见到什么学什么,要是把不好的行为也学了可怎么办。另外,妈妈也担心见见看到别人怎样他就怎样,长大之后会人云亦云,没有主见。

孩子受到这个时期心理成长程度的限制,在孩子的潜意识中,他并不懂得如何追求真善美,只是简单地因为好奇而进行模仿。因此，有可能孩子模仿的行为并不是好的行为，或者模仿的话是一些骂人的粗话，这个时候，父母应该正确指导孩子，切不可简单粗暴地批评和阻止，不然的话，可能会增加孩子的好奇心和逆反心理。

通过模仿，孩子不仅可以学会各种各样的技能，还能更好地了解这个世界，获得许多认知经验，还可以通过模仿的过程获得许多愉悦的情绪感受。因此，对于孩子来说，模仿有着深远的意义，父母应该想尽办法，让模仿发挥最好的效用。

○ 模仿是孩子成长的阶梯

孩子的模仿敏感期到来以后，在一段时间内，他会对来自环境的特定刺激进行模仿。在爸爸妈妈没有察觉的情况下，孩子就学会了很多东西。孩子最先模仿的往往是动作，看到大人做什么就做什么。接下来，还会模仿声音、行为模式等。

孩子出生后，大脑皮层发育的第一个部分是感知觉区，他需要通过多种感知觉，比如口、手的动作来获得对物体的感知，并进行比较、分类，最终形成概念。当某些特定的时刻，新的突触连接大量形成的时候，学习某项技能的效率就会很高。如果孩子错过这个时机，就会影响其各种能力的发展，包括脑部的发育以及心理的成熟。

正如美国心理学家J.凯根所说："对于儿童，模仿可以是一种获得愉快、力量、财富或实现别的渴望目标的自我意识的尝

让孩子在模仿中得到提高

每个孩子都具有模仿性，父母应该怎样利用孩子的这一特性，让孩子在模仿中得到提高、得到成长呢？

1 给孩子一个正面的回应

父母可以模仿孩子的行为，向孩子传递一种肢体语言，这是表扬和认可孩子的一种很好的方式。

2 架起超越模仿的阶梯

父母应该创造良好的条件，教孩子模仿一些正确的事物，从而积累生活经验，丰富想象。

3 好范本成就好行为

父母是孩子最先模仿的对象，想要让孩子成为什么样的人，父母就应该在孩子面前先这样做。

由于这个时期的孩子还不能很好地辨别是非，这就需要父母帮助孩子建立判断力，让孩子模仿好的人物的好的行为和品质。

试。"所以，对于孩子的模仿行为，父母要尽量让其自然发展，模仿没有对与错。另外，父母应尽量放慢自己的动作，满足孩子模仿的心理需求，给孩子成长的空间，使孩子平稳地度过这一时期。

果果今年两岁半了，他现在最爱干的事情就是跟在大人的屁股后面，大人干什么，他也学着干什么。每当这个时候，妈妈就会不耐烦地说："你别老学我，真烦人！"然而，妈妈越不让果果学，他学得越带劲。

妈妈给爸爸用座机打电话的时候，果果也在一旁用小手按数字键。妈妈赶紧制止他："别乱动，号码按错了的话就不能和爸爸说话了。"电话拨通了，妈妈说几句，也会让果果和爸爸说话。

在很长一段时间里，果果对电话和话筒产生了浓厚的兴趣。他会时不时地按按号码键，说是要给爸爸打电话，当然他是打不通的，但还是当作打通了一样说话："喂，爸爸……"

看到果果对电话这么感兴趣，妈妈就教给果果1—9这些数字，还告诉他只要拨出相应的号码就能和"里面的人"进行通话。

一天，早已过了下班的点，爸爸还没有回来，妈妈有些着急了。果果赶紧拉着妈妈跑到电话旁边，妈妈明白了果果的意图，他是想给爸爸打电话呢。于是妈妈就问果果："儿子，你是要给爸爸打电话吗？"果果点点头。妈妈一边给果果念爸爸的手机号，一边指导果果用小手指一个数字一个数字地按。电话通了，那头传来爸爸的声音，果果兴奋地喊着："爸爸，是我给你打的电话！"果果发现自己能打电话了，兴奋极了。

模仿是孩子学习的一种模式，就像例子中的果果一样，通过模仿妈妈打电话这一行为，孩子不仅学会了0至9这十个数字，还学会了自己打电话。心理学中行为主义学习理论的创始人班杜拉认为，除了从自身的行动结果中获得学习（行动性学习）之外，人类很大一部分学习是通过观察其他个体的活动而进行观察学习的。其中，被观察者就是榜样。一方面，相比于从实际的行为中学习，观察学习加速了学习进程；另一方面，观察学习还可以避免学习者经历有负面影响的行为结果。

父母不必担心孩子模仿多了就会失去自我。其实，模仿是孩子通向独立的一个必须经历的阶段。如果父母武断地阻止孩子的模仿行为，那么孩子的认知能力和智能发展就会受到阻碍，心理成长也会受到影响。

具有吸收性心智的孩子，每一个成长需求都是为他的能力发展服务的。满足孩子的心理需求是对孩子最好的爱。孩子在模仿中能学会很多的东西，并获得身体和智能上的锻炼和提高。

○ 警惕孩子染上"模仿瘾"

孩子生来就是一个模仿高手！他们从小就开始模仿父母的一举一动，模仿父母的品德习惯，模仿父母的价值观念……当孩子长到3岁时，不但开始模仿各种行为，而且模仿社会性行为，

如何引导孩子的模仿

孩子的好奇、天真和无知使得他们在模仿的时候并不能分辨对错。这个时候，就需要父母对孩子进行正确的引导：

> 树砍掉就不漂亮了，我们要学习熊大熊二，一起来保护大树才对哦。

> 我们宝宝这么爱干净呀！

> 灰姑娘都是这样打扫卫生的。

1 引导孩子克服模仿中的盲目性

孩子的辨别能力弱，所以孩子的模仿没有明确的道德标准，父母要让孩子知道该模仿什么不该模仿什么。

2 引导孩子模仿好的榜样的行为

父母应该把孩子无意识的模仿向有意识的模仿引导，引导孩子学习好的榜样。

> 某某的双节棍是对着坏人的，你怎么能对着自己的爸爸呢？

3 引导孩子模仿要重在本质

孩子的理性模仿较弱，都是模仿一些外部特征或行为动作，父母应该引导孩子学习人物的内在优秀品质。

孩子正处于好奇心强、模仿性强、可塑性强的阶段。所以，在这个时期，父母一定要正确引导孩子的模仿行为。

并且可以把行为协调起来，进行一系列的模仿。孩子选择性的模仿，基本集中在对父母行为的模仿上。所以，父母炒菜，他也炒菜；父母扫地，他也扫地。我们还发现孩子会经常性地重复父母的表情，重复父母的某些特定行为。孩子要通过这个过程由简单的生命状态过渡到更高的状态中，这也是孩子从内在世界走向外部世界最早期的实践过程，这个过程大约会持续半年时间。

模仿是这个时期孩子的心灵需求，而且这个时期的孩子的模仿并没有什么对错，他们只是纯粹地模仿。过了这一模仿敏感期，孩子就不会这样了。因此，对于孩子的模仿行为，父母不必过于担心。但是，当孩子喜欢上模仿一些非正常的事物，而且不分时间、不分场合都会加以模仿时，父母就要留心了。

⋯⋯⋯⋯⋯⋯⋯⋯⋯⋯⋯⋯⋯⋯⋯⋯⋯⋯⋯⋯⋯⋯⋯⋯⋯⋯⋯⋯

磊磊今年 3 岁了，自从看了动画片《西游记》之后，他就迷上了孙悟空，总是说自己就是孙悟空，每天拿着一根棍子，说是自己的金箍棒。这还算是好的，爸爸妈妈也没有多加管教，他们认为这个年龄段的孩子迷恋孙悟空是很正常的。

但是，在今年 6 月的一天，磊磊在幼儿园的滑梯上给其他小朋友表演他的"腾云驾雾"，一下子就从滑梯上摔了下来。幸亏滑梯并不是很高，磊磊也只是摔破了一点儿皮，并没有什么大碍。

对于磊磊这种危险的动作模仿，爸爸妈妈担心不已，想方设法教育磊磊，希望他不要进行危险的模仿。可是说也说了，打也打了，哄也哄了，面对爸妈的劝导，磊磊表面上答应了，心中的"梦想"却未了。

一天下午，磊磊的"孙悟空瘾"再次大发，这次磊磊直接趁家人不注意爬在了家里四楼的窗户上，还好这一次磊磊是从上面往下爬，经过楼下的邻居们赶紧报了警，在民警的帮助下才将磊磊安全救下。

也许，每个孩子都像磊磊一样会有一股"模仿瘾"，这也是他们的梦想。因为孩子的好奇、无知、天真，使得他们在进行模仿的时候常常铤而走险。对于孩子这种非正常的"模仿瘾"，父母应该怎么办呢？

由于孩子的心理还不成熟，他们的感性模仿比较强，理性模仿比较弱。一般来说，孩子都是模仿一些外部特征或者行为动作，而并未认识这些行为动作的精神实质，也没有注意学习这些模仿对象身上本质的东西。所以，父母可以引导孩子模仿榜样的内在本质特点，促使孩子的模仿行为从感性模仿积极地向理性模仿转变和发展，这样才能使模仿教育得到最佳的效果。

孩子正处于学习、成长、模仿的阶段，好奇心强、模仿性强、可塑性强。然而由于心理不成熟，辨别是非的能力弱，所以往往不能分辨哪些值得模仿，哪些不值得模仿。模仿得好，对孩子的成长和学习会带来很大的益处；模仿得不当，则会给他们带来坏处，甚至带来危害。所以，父母一定要正确引导孩子的模仿行为。

第三篇

3至4岁，
理解孩子敏感期的行为

第一章
执拗敏感期
——孩子不可理喻地胡闹

○ 解读孩子的执拗敏感期

孩子在建构秩序感这一特殊品质时,其过分的心理需求常常被大人认为是任性和胡闹,所以,用"执拗"这一概念来形容更加准确一些。孩子在这一时期常常变得难以变通,有时还会让人不可理喻。我们大人并不知道孩子这样做的真正原因,但是我们确切地知道,孩子的心理活动一定是有秩序的,当他没有超越这种秩序的时候,就会严格地执行这一秩序。

一般来说,3至4岁的孩子会进入执拗敏感期。有的孩子在没有到3岁时就提前进入这一敏感期,表现为事事都得依着他的想法和意图去办,否则情绪就会发生剧烈的变化,发脾气、哭闹。这时,父母和老师要给孩子足够的耐心和关照,也要学会一些安抚的技巧。

妈妈发现,3岁多的朵朵越来越不听话了,犯起性子来怎么说她都不听,还没有小的时候乖巧听话呢。

孩子执拗，父母该怎么做

在孩子为某些事情较劲的时候，如果不是什么严重的问题，父母不妨做出一些让步，满足孩子的要求。

1 多和孩子沟通，倾听孩子的心声

只有了解孩子的真实心声，才能够找出问题。所以，平时要多和孩子交流。

2 和孩子说话要讲究技巧

在这个时期，父母尽量不要用否定的语气和孩子说话，这会令孩子很敏感。换种肯定的方式，效果会很不同。

3 多关注孩子

有些孩子执拗是想引起父母的注意。因此，父母要多关注孩子，让孩子感受到爱，比如，要经常拥抱、爱抚孩子等。

当然，如果孩子过于执拗，父母也不能一直惯着孩子，还是要给孩子一定的惩罚，这样孩子就会记住了。

一天上午，妈妈带着朵朵去公园玩。当她们走到有十几层台阶的小桥前，朵朵不想自己上去，就让妈妈抱着她上。开始时，妈妈不想抱朵朵，希望她可以自己上去。结果，朵朵一边大哭一边爬了两三个台阶。为了不让朵朵大哭，妈妈只好把她抱了起来。可是，朵朵却哭得更凶了，非让妈妈退回去，从台阶下面重新抱她上来才行。妈妈无奈，只好照做。这样，朵朵才止住了哭泣。

3岁的孩子渐渐开始自己思考问题，也有了相对独立的想法，他希望按照自己的方式去做事情，总会本能地去抵制、反抗自己所不喜欢的。对处于这一阶段的孩子来说，由于其语言能力发育不完善，当不愿意按照父母的意愿做事时，他没有足够的词汇来表达自己的思想、情感和心理需要，因此只能用一些反抗行为来表明自己内心的想法。于是，在绝大多数父母眼中，这些反抗行为就成了孩子执拗的表现。

执拗是孩子从完全依赖他人到能够独立面对这个世界必经的过程。几乎所有的孩子都会出现这样一个敏感期。父母了解了这些，就可以更加理解孩子，掌握了孩子这个时期的心理特征，自然就掌握了给孩子"熄火"的法宝。

○ 孩子总是与父母对着干

三四岁的孩子在许多方面表现为与父母作对，当然，孩子并不是真的与父母作对，而是孩子已经进入人生中第一个心理反抗期——执拗敏感期。孩子的执拗敏感期来源于秩序感，处于这个时期的孩子有一个明显的特征：凡事都要听我的，都是我说了算。如果父母拒绝他，他就会变得非常烦躁，哭闹不止。

康康现在3岁多，是个十分可爱的小男孩。但是，康康的性格很倔强。有时，康康本来玩得好好的，却突然因为一件很小的事情就哭闹起来，而且怎么哄都不行。唯一的方法，就是必须把康康带回原来的地方，让他按照自己的意愿重新做一遍，他才会停止哭泣。

一个星期天，门铃响了，康康快步跑过去准备开门。可是，他还没有走到门口，奶奶已经将门打开了，姑姑高兴地走了进来，一把抱起康康。然而，康康见到姑姑并没有表现出一副开心的样子，反而"哇"的一声大哭起来，几个人劝都劝不住。

过了一会儿，康康稍微冷静下来了，他非让姑姑走出去再按一次门铃。这下，所有人都明白了，妈妈只好让姑姑按照康康说的，转身走到门外，关上门，假装刚刚来到家门口。当门铃再次响起来的时候，康康亲自走过去重新把门打开了，这下康康才高兴地让姑姑抱着了。

为什么孩子会在执拗敏感期表现出性格急躁、乱发脾气，那么"拧"呢？父母想要和这个时期的孩子和平相处，就应该了解孩子形成执拗敏感期的原因，了解孩子的心理变化和心理需求。

如何应对孩子的执拗敏感期

这个时期的孩子有一个明显的特征：凡事都要听他的。要不然，孩子就会非常烦躁，哭闹不止。因此，父母要用科学的方法去应对，这里提供几点供父母参考：

1 了解孩子形成执拗敏感期的原因

孩子随着自我意识的增强，会发现自己想控制的事物越来越多，他想要表现自己的强大。

2 不要与孩子较劲

这个时期的孩子很倔强，有自己的主见，如果父母也和孩子较劲，只会两败俱伤。

3 给孩子足够的理解

如果是不涉及原则的问题，父母可以多顺从一下孩子，给孩子足够的理解，减轻孩子内心的焦虑与不安。

首先，因为孩子自我意识的增强，他会发现自己与世界并不是一体的，而是分离的。随着孩子生活范围的进一步扩大，以及探索能力的不断提升，孩子就会发现，自己能控制的事物越来越多，他就会体验到自我的强大力量，从而敢于向父母挑战。

其次，因为在这个年龄段的孩子的思维是直线型的，在孩子的眼中，世界上的事物是以不变的程序和秩序存在的，是不可逆转的。孩子在做某些事情的时候，他的头脑中会形成预先的设想，假如这些设想被人打破，他就会特别气愤。这时，父母应该理解孩子的这种思维发展过程，顺其自然地对待，那么孩子的逻辑会逐渐发生变化。

○ 孩子似乎有点暴力

通常从3岁开始，随着孩子自我意识的不断加强，自我意识与他人意识逐步分化，孩子对父母的建议和指令常常会不听从、固执己见，甚至开始反抗，心理学家称之为执拗敏感期。

另外，3岁的孩子心智发育还不成熟，他们的情绪控制能力比较弱。他们一旦感到自己的心理需求没有得到满足，就会用很直接的方式，比如哭闹，甚至是攻击的方式表现出来，我们大人往往会认为孩子是在故意作对。其实，孩子只是忠于自己的想法，并不是针对某个人。3岁的孩子思维水平还不高，也不够灵活，他们的做法常常让大人觉得呆板，再加上他们的时间观念不强，做事情的忍耐度不够，凡是想要做的事情就想要立刻完成，达不到目的就会反抗。

早晨起床的时候,3岁半的楠楠吵着要穿那双有米奇图案的鞋子。平常楠楠就爱穿那双鞋,但是妈妈昨天看到鞋子脏了,就顺手把鞋刷了,现在还湿漉漉的呢!

于是,妈妈就对楠楠说:"那双鞋子太脏了,妈妈已经帮你刷了,现在还没干,不能穿,我们穿小白鞋好不好?"可是楠楠根本就不听,大声说:"我要穿米奇,我喜欢穿米奇!我不穿小白鞋!"他一边大声说着,一边把妈妈递过来的小白鞋扔到地上。

妈妈觉得楠楠实在是无理取闹,再磨蹭下去上幼儿园就迟到了,便对着楠楠的屁股打了两下。楠楠马上就哭了起来,却也没有再大声吵吵了,而是坐在床边让妈妈给她穿上了那双小白鞋。

放学后,妈妈去幼儿园接楠楠,老师告诉楠楠的妈妈:"今天这孩子不知道是怎么了,趁着别的小朋友不注意,就用手使劲拍小朋友的屁股,拍完就跑开,这一上午把好几个小朋友都打哭了!"

许多孩子在执拗敏感期内会出现暴力行为,会对身边的人进行攻击,而孩子之所以会出现这样的行为,一定是因为他受到了自认为不公平的待遇。不可否认,孩子就是环境的一面镜子,大

关于执拗敏感期的暴力行为

从表面上看，父母对孩子使用暴力，孩子屈服了。实际上，孩子会寻找机会把现在的委屈发泄出来。因此，父母要从以下几个方面对孩子加以引导：

1 不对孩子施加暴力

父母对孩子施以暴力，会给孩子的内心带来巨大的伤害，他会以暴力来发泄自己。

2 控制自己的行为

面对孩子的不听话，父母要理智一点，控制自己的行为，对孩子宽容一点。

3 父母双方意见要一致

父母教育意见不统一会让孩子更加不听话，这样执拗敏感期也会延长。

人怎样对待他，他就会怎样对待别人。就像例子中的楠楠一样，她之所以会打小朋友的屁股，就是因为自己被妈妈以同样的方式打了屁股。由此可见，父母的暴力行为是会在孩子的身上延续的。

因此，对待孩子的执拗和反抗行为，父母一定要合理疏导，只要不是原则性的问题就尽量满足孩子的要求，让孩子顺利度过这一时期，切忌使用暴力让孩子屈服。

○ 孩子就是不洗手

一般来说，孩子对洗手这件事情都是不太感兴趣的。所以，每次让孩子做这件事时就像是打仗一样，总是不能安安静静、顺顺利利地完成。这个时候，妈妈总会想尽一切办法，有时会用玩具哄着孩子，或者给孩子讲道理。但是，即使是这样，孩子也不会乖乖地去洗手，就算软硬兼施之后孩子最终勉强地完成了，却弄得大人孩子都筋疲力尽，心情也不好。相信这是许多妈妈每天都会遇到的烦心事，非常让人头疼，却又束手无策，总不能让孩子不洗手了呀。

许多父母认为，这是孩子故意跟父母作对。其实，父母应该首先了解一下孩子不喜欢洗手的原因。有的孩子不喜欢洗手，可能是曾经的经历给孩子造成了心理阴影所致。比如，洗手的水太凉或者太热，孩子手上有小伤口碰到水就会疼，或者是大人在给孩子洗手的时候用力过大把孩子弄疼了，等等。这个时候，父母就应该区别对待，排除影响孩子洗手的外因。这就需要父母仔细

孩子不喜欢洗手怎么办

许多孩子不喜欢洗手,还会因此和妈妈对抗。那么,对于孩子不喜欢洗手,父母应该怎么做呢?

1 不要强行让孩子洗手

如果父母强行给孩子洗手,孩子就会反抗,也会给孩子带来很大的心理伤害。

2 学会转变自己的教育方式

可以采用迂回的方式代替直接的方式,让孩子洗手可能就会变成一件非常简单的事情。

> 其实,只要掌握孩子的心理特点,变通一下,孩子就不会再这么执拗,自然就会顺从了。

观察与分析,排除各种有可能导致孩子身心受损的原因。

之前,3岁的鹃鹃每到吃饭的时候,都会乖乖地去洗手,根本不用爸爸妈妈提醒,也不用他们帮忙。可是,最近一个星期以来,鹃鹃就像是变了一个人一样,每次吃饭的时候都不愿意去洗手。

于是，每次因为吃饭洗手这件事，妈妈和鹃鹃之间总是会有这样的一番对话：

"宝贝，吃饭前是要洗手的，我们一起去洗手，好不好？"

"不好！"鹃鹃说得很坚决。

"妈妈去拿毛巾给你擦一下手，好吗？"妈妈接着说。

"不擦！"鹃鹃依然挺倔。

"你看看你的小手这么脏，吃东西很不卫生的，来，我们去洗一下。"妈妈还在坚持。

"不洗！"鹃鹃这次说得更干脆。

"这样吧，你听话洗了手，等吃完饭，妈妈陪你下楼去玩，好不好？"妈妈强压着怒火提议道。

"不玩。"鹃鹃噘着小嘴答道。

"不洗就不让你吃饭！"妈妈下了最后的通牒。

"就吃！"鹃鹃才不管那一套呢。

妈妈也知道这样耗下去不是办法，就拉着鹃鹃到洗手池旁边强行给她洗手。但是，鹃鹃还是反抗，她毕竟没有妈妈的力气大，所以，妈妈还是给鹃鹃洗了手。每次这个时候，鹃鹃都是一脸的痛苦，有时还会哭闹。

在日常生活中，父母要注意运用正确的方式方法，让孩子自愿地洗手，而不是在孩子不情愿的情况下，强迫孩子去洗。当孩

子对洗手有恐惧心理的时候，可以加点娱乐项目，比如，唱唱儿歌、比一比谁洗得干净等。

　　三四岁的孩子已经可以听懂一些浅显的道理，父母可以用孩子可以理解的语言给孩子讲一些不洗手的危害，让孩子认识到洗手的重要性，从而自愿地洗手。当孩子表现好的时候，父母要及时给孩子表扬和鼓励，让孩子逐渐养成爱洗手的好习惯。

第二章
审美和完美的敏感期
——每件事情都不能出错

○ 解读孩子的审美和完美敏感期

孩子的审美敏感期最早应该是从吃开始的。例如,孩子要一整块的饼,大人觉得太大了,就给孩子掰开,但是掰开之后的饼孩子就不要了,他必须要一个完整的。在这样的情况下,父母常常觉得这是孩子任性的一种表现。其实,这并不是孩子任性,而是他正处于审美敏感期,那些不完整或者不完美的事物会让孩子产生痛苦的感觉,所以他无法接受。了解到孩子的这种心理,父母就可以理解孩子的行为了。

当孩子追求事物的审美敏感期过后,他们的注意力很快就会转移到对其他物品完美性的追求上来。比如说穿的衣服不能有一点儿线头;玩具不能少一个零件;画画的时候一笔下去没有画出他所期望的东西,他就会立刻把这张纸丢掉,然后重新开始画……在这样的情况下,孩子的审美敏感期就逐渐转化为完美敏感期。

晚上睡觉的时候,小田脱完衣服躺下来,没到一分钟,就

开始哭闹。

"你怎么了？"妈妈赶忙问她。她的小手不停地挥舞着，大喊："哎呀，床！"妈妈看了看小田的小床，什么都没有，床单也很干净。妈妈用手一摸，发现床上有一些衣服上落下来的沙粒，看不清楚，但是摸起来有一点儿不舒服。妈妈立刻把小田的床单拿到阳台上抖干净，重新铺好。

没想到，小田刚躺下，一边拍打着被子一边"哼哼"起来。

妈妈问她："小田，你是不是想把被子铺好？"小田"嗯"了一声。妈妈就开始给她铺被子，但是因为被子比床垫子要大一点儿，所以没法铺平，妈妈只好把四边各卷起来一些，但是小田似乎并不满意。最终，妈妈把被子对折盖在小田的身上，并把上面用手弄平，小田这才开始睡觉。妈妈一看表，都过去半个小时了！

追求完美是孩子的天性，保护它就是保护一个追求完美的人，成人不会把有瑕疵的苹果看成是不完美的，但是成人依然会为一个接近完美的苹果惊叹，会为一个接近完美的自然现象或者艺术作品感怀。完美给人带来精神上的愉悦，孩子追求完美，表明孩子的精神世界开始变得丰富。

随着年龄的增长以及审美敏感期和完美敏感期的继续发展，孩子开始把全部的注意力聚焦在自己的身上，突然对自身美的追求有了很强烈的感觉。例如，女孩子对化妆品开始特别感兴趣，

孩子在审美和完美敏感期的特殊表现

作为家长，要想帮助孩子顺利度过这个敏感期，首先就应该了解孩子在这一敏感期的表现是怎样的。在审美和完美的敏感期的孩子通常有以下几种表现：

1. 凡事都追求完美

这个时期的孩子会很"事多"，其实这就是孩子在追求完美，这是孩子的天性。

2. 只吃完整的食物

就算苹果只咬了一口，孩子也不会再吃了，那就是他们追求的完美。

3. 变得爱化妆

在这个时期，许多女孩都会变成化妆师，她们会迷恋上妈妈的化妆品。

总是偷偷地拿妈妈的化妆品来化妆，尽管孩子会把自己化得一塌糊涂，但是这时是她刚刚开始学着怎样让自己更美的关键时刻。随着孩子这一敏感期的继续发展，他们就会对自己穿什么衣服特别感兴趣。有的孩子，大夏天穿着冬天的棉袄，热得满头大汗还是不肯脱下来；有的孩子穿着妈妈的高跟鞋在镜子前扭来扭去……

食品要完整、纸张要干净、衣服要自己挑选……这是每个孩子都要经历的阶段。这个时候，大人很容易就心烦，因为完美的东西毕竟不多。如果理解了孩子细腻、追求完美的心理，把孩子的要求当作关乎孩子成长的一次机会，就能用心体察孩子的每一次不满，我们就能理解孩子，并用适当的方式帮助孩子，让孩子在敏感期得到更深入、更好的发展。

○ 让孩子认识真正的美

孩子在审美和完美的敏感期时会非常爱美，虽然年龄小，但是对自己的穿衣打扮却非常有主见。每天早晨穿什么样的衣服去上学，配什么样的鞋子才漂亮，如果不满意就要重新搭配，有时候只是挑选穿着就需要十几分钟，就算是迟到也要漂漂亮亮地迟到！这让做父母的十分头疼。

对于孩子的爱美之心，幼儿心理学家表示，首先要尊重孩子的爱美之心，这是孩子对自己的关注，是人的本能。这表示在孩子幼小的心灵中，有了美的概念，这是孩子审美功能的提高。

但是，不排除会发生有的孩子过于注重美的现象。造成这种现象的原因往往不在孩子自身，而是周围环境对孩子的影响更大。如果大人喜欢和同事、家人在一起谈论衣服是否时髦、哪种牌子的衣服好等，会给孩子带来潜移默化的影响。同时，当孩子穿上某一件漂亮的衣服时，大人往往会不知不觉地给予夸奖，甚至会做出夸张的表示，这些都会给孩子一些暗示：这件衣服是漂亮的，注重外观是可以获得夸奖的。久而久之，孩子就会过于关注外在美、服饰美。

婉婉每天都早早起床，别看她起床早，去幼儿园的时间却是一点儿也不早。因为起床之后，婉婉光是选择穿哪一身衣服就要花费很长的时间。妈妈给她穿一件小短袖和小短裤，婉婉不满意。妈妈拿过来一件碎花的连衣裙，婉婉还是没有相中。好不容易看中了一件牛仔的连衣裙，穿上之后，婉婉发现最上面的一颗纽扣没有了，便不想穿了，非让妈妈换一件才行。到最后，婉婉终于穿上了一件长度在膝盖上面一点儿的粉红色的小裙子。婉婉又觉得这样不行，还要穿一条打底裤。就这样，为了配什么颜色的打底裤，母女两个讨论了好几分钟，最后还是婉婉自己挑了一条玫红色的，说用这样的颜色搭配才漂亮。你以为这样就算完了吗？还没有呢，婉婉还没有穿鞋子呢！

虽然吃完饭之后时间有些紧张了，妈妈催促婉婉快一点穿鞋，但是婉婉自己蹲在那里穿袜子，非常认真地把袜子端端正正地对

引领孩子追求美

孩子以自己的行为要求获得自己所期待的美,可有些行为在父母看来有点离谱,但是父母一定要明白这不是孩子在无理取闹,而是他们自身成长的需要。那么,父母要怎么做呢?

> 好的,妈妈帮你换上看一看。
>
> 妈妈,我喜欢这个,给我买这件裙子好吗?

1 支持孩子

要认识到如何度过审美敏感期是关系到孩子成长的大事,要明白孩子在这个阶段就是如此,因此,父母要对孩子有所支持。

2 让孩子展现美

顺应孩子对美的敏感,带孩子参加一些与美相关的活动,把孩子打扮漂亮,增强孩子的自信。

3 教孩子要靠自己的努力实现美

父母要让孩子适当地参与洗衣服、擦地等,孩子的美感就会在这个过程中建立。

总之,父母应该尊重孩子的审美,对于孩子的一些行为不要用成人的眼光去看待,而是在相对自由的环境中,让孩子培养自己的审美能力。

着脚丫穿进去，严格地把自己的脚后跟和袜子的脚后跟对在一起，每个脚趾都要和袜子完美地吻合，不能有一点儿不妥帖的地方，一定要严格保证袜子是绝对大小合适的，不然她绝对不穿。

这个时候，妈妈用什么方法都会有些无奈，唯一能做的就是等待和陪伴。

··

对于一些孩子喜欢在早晨挑选衣服，导致上幼儿园迟到的问题，儿童心理专家建议，父母可以有技巧地干预。例如，在前一天晚上就和孩子商量好第二天穿什么衣服，也可以给孩子两套或者三套衣服选择，让孩子在既定的范围内挑选，这样既能满足孩子选择的欲望，又不至于给大人带来麻烦。

当然，对于小一点儿的孩子，父母可以和孩子玩一些好玩的游戏，既让孩子懂得一些道理，又能增强亲子交流。例如，和孩子一起给每一套衣服起一个漂亮的名字，帮助孩子进行选择、搭配，告诉孩子一些穿衣服的常识，比如大冬天穿裙子会生病等，从而缩短穿衣服的时间，更好地培养孩子的审美情趣。

最重要的是，父母应该在日常生活中，引导孩子认识美的真正内涵。要让孩子明白，美不只是衣服好看，美还表现在其他很多方面：成绩好是美，关心别的小朋友也是美等。当孩子做出一些体现内在美的事情时，比如和别人分享了自己的零食，或者给妈妈端来了一杯水等，在这样的时候父母要及时给予孩子鼓励和赞赏。

○ 这个时期可以培养孩子的审美观

大概在3岁以后，孩子就不再纠结于完美的事物和完整的事物，而是开始对衣着打扮产生浓厚的兴趣。比如，鞋子有一点儿脏，孩子就会拒绝穿，非让妈妈找一双干净的鞋来换才可以。由此看来，追求完美确实是人的天性，完美会让人感到快乐，内心趋于安定，所以，父母要支持孩子追求他们眼中的完美——完整、整齐，这不但是孩子将来能够追求事物的完美、整齐、规则的基础，还是孩子道德发展的基础。孩子的成长是个连续的过程，心理在这个发展过程中不断成长成熟，这个过程不但是孩子智能发展的关键时期，关系到孩子的素质发展，而且还奠定了孩子人格发展的基础。

然而，孩子毕竟缺乏辨别事物美丑的能力，他们的内心世界就像一张白纸一样干净，父母的一言一行好似画面上的一笔一画，孩子的审美观是在成人潜移默化的影响下形成的，所以说，父母对孩子的审美教育尤为重要。

娇娇4岁了，最近一段时间，只要妈妈不注意，娇娇就会偷偷跑进妈妈的卧室里，在梳妆台前涂脂抹粉，打扮好后并欣赏自己。

上幼儿园的娇娇在"六一"时上台表演过舞蹈，当时有专门的老师给娇娇化过妆，爱美的娇娇从此一发不可收拾，并按照当

培养孩子的审美观

审美观的重要性不容置疑,孩子的审美观是否正确,与父母潜移默化的教养有非常大的关系。因此,家长应特别注意对孩子审美观的培养。

> 这样穿戴整齐才能出门。

创造美的家庭环境,培养孩子关于美的一些习惯,为培养孩子的审美能力提供条件。

> 小朋友真勤劳啊!

培养孩子树立"心灵美、语言美、行为美和礼仪美"的观念,使孩子具有高尚的审美情趣。

> 这水好漂亮啊。

引导孩子领略自然美,培养和发展其美感。

培养孩子广泛的艺术兴趣,教育孩子懂得审美的辩证法。

时老师给自己化妆的顺序开始给自己化妆：先是很认真地将自己的小手洗干净，然后抹上面霜、擦粉、画眉、画唇线、涂口红，用棉棒擦去滑到线外的口红，用面巾纸沾去多余的口红，打上腮红，然后把头发梳理整齐。完成所有的程序之后，娇娇很自信地站在镜子前自我欣赏半天，然后满足地走出妈妈的房间。

这样过了大约一星期，娇娇又注意起自己的头饰和衣着来。她常常会问妈妈："看我穿这件衣服漂亮吗？"妈妈如果说不漂亮，娇娇就会马上把那身衣服换下来，然后重新站在妈妈面前问妈妈自己漂不漂亮，直到得到肯定的回答为止。

美的行为是一种榜样、楷模，父母是孩子的第一任老师，父母的美的言行、家庭和睦的氛围，这些对孩子都是无声的教育，孩子都会效仿，从中汲取向上的力量。而孩子的审美和完美的敏感期是孩子形成良好审美观的关键时期，也是孩子开始学习审美的时期，如果父母此时能够抓住时机，帮助孩子形成良好的审美观，对孩子将来的发展将具有十分重要的意义。

事物是否完美是随观念而决定的，孩子认为不完美的事和物，在成人那儿可能具有美学特征，比如残缺的美。但是对完美事物的感受、对规范事物的感觉应该留存下来。只有这样，孩子才会有标准，他才会追求事物的完美、和谐、规则，并为此而忘我地努力。每个理想主义者都具备这样的品质，它成就了艺术家、科学家、优秀的教师等各行各业出色的人。

第三章
色彩敏感期
——开始在生活中寻找不同的颜色

○ 解读孩子的色彩敏感期

儿童心理研究者杨健教授认为，孩子从睁眼到看清世界所有的色彩，一般要经过4个时期，即黑白期、色彩期、立体期和空间期。孩子在4个月左右的时候才迎来视觉的色彩期。4个月之后，孩子的视觉神经会对彩色的东西很敏感，但还是限于纯度高的三原色——红、黄、蓝。父母可以拿带有这些颜色的玩具在孩子的眼前晃动，刺激孩子的视觉和大脑发育；然后，逐渐地把视觉刺激范围扩大到橙、绿、紫。

孩子最初认识色彩的时候，有一点需要父母特别注意，那就是在教孩子认识一种颜色的时候，不要引入其他的色彩，比如说，教给孩子红色的时候，如果说"这是红色，不是绿色"，这样会扰乱孩子对色彩的记忆，因为这个年龄段的孩子，头脑中的概念还不清晰。

孩子对颜色的识别能力和命名能力是随着孩子年龄的增长而不断增强的，到了三四岁，孩子特别喜欢认知、识别颜色，这个

给孩子一个有色彩的世界

孩子在色彩敏感期能够较快接受色彩对身体的刺激,从而掌握色彩、提升对外界事物的审美能力。为了让孩子更好地认识色彩,父母可以从以下几个方面给孩子一个有色彩的世界:

1 多彩的衣服

可以给孩子买一些颜色多样的衣服,不只是红、黄、蓝等简单色,可以增加一些混合色给孩子看。

2 房间色彩巧布置

五彩缤纷的房间可以激发孩子的智力,可以多使用一些粉色、淡黄、淡绿等让人感到轻松、愉快的颜色。

3 任其涂鸦

涂鸦可以促进孩子观察力、记忆力、想象力、创造力和动手能力等的发展,所以,对于孩子的涂鸦,父母不要过多限制。

时候，孩子的色彩敏感期就到来了。在这个阶段，孩子可能反反复复地给涂色书涂颜色，往衣服上、身体上涂色，甚至穿衣服的时候，只挑他最近热衷的颜色的衣服，根本不会在乎款式、洁净的程度。

甜甜是个 3 岁半的漂亮女孩，妈妈从小就非常尊重甜甜，对于关系到甜甜的事情总是会询问一下甜甜，给甜甜买衣服的时候也是一样。

但是，最近一段时间，每次妈妈问她喜欢什么颜色的时候，甜甜总是会十分干脆地说："粉色！"不光是买衣服，买玩具娃娃也要粉色。只要要买的东西有粉色，甜甜一定会买粉色的。

并且，甜甜还喜欢上了用彩笔到处"作画"，墙上、地上、桌子上、书本上，到处都能看到她的杰作。这些还好，让妈妈头疼的是，甜甜还经常画到自己的衣服上，说是这样更好看，甚至开心地给妈妈介绍她画的是什么。

有一次，爷爷睡着了，这个淘气的孩子竟然在爷爷的裤子上画了一个大大的红苹果，还说爷爷出去遛弯儿的时候，渴了的话可以拿下来吃。

对于进入色彩敏感期的孩子，父母可以在有空的时候多带孩子出去走一走，让孩子到大自然、大街上，去亲身感受五光十色、万紫千红的世界，以促进孩子视觉更好地发展。父母要注意的是，不要让孩子长时间只看同一色系，这会导致孩子视觉迟钝。

色彩会影响孩子的视觉发展，进而影响情绪以及以后的成长。许多人都认可五彩缤纷的颜色可以激发孩子的智力，而处于色彩敏感期的孩子也非常喜欢五颜六色的各种物品，他们喜欢认识色彩。孩子对色彩的认识更多地体现在生活中，选择玩具的颜色，选择衣服的颜色，等等。小学三年级以后，孩子已经将色彩融入自己的意识中，色彩开始被孩子使用并表现在绘画中。

○ 色彩对孩子的智商、情商和性格都有影响

不同的色彩可以通过影响孩子的视觉来影响孩子的智商、情商和性格。因此，如果孩子在色彩敏感期没有建立很好的色彩感，那么在未来成长的道路上就有可能发展为人格障碍。

色彩是对人的视觉影响最大的因素。它作为一种外在刺激，通过人的视觉产生不同的感受，给人以某种精神作用。可以说，不适宜的色彩如同噪声一样，会使人感到心烦意乱，而和谐悦目的色彩则会给人以美的享受。

心理学家研究发现：婴儿一般比较喜欢黄色、橙色、浅蓝、浅绿等较为明快的颜色。在这种色彩环境中成长的孩子，往往智商较高。反之，当婴儿长期处于一些较为暗淡，使人感到忧郁、沉闷，甚至产生压抑、恐惧等不良感觉的黑色、茶色等色彩环境中时，其智商则相对较低，而且创造力、自信心等方

蒙台梭利色彩教学法

蒙台梭利"三阶段"学习法可以帮助孩子快速认知色彩。在进行学习之前,先制作一套纸片,纸质、大小都一样,唯有颜色不同。然后按照以下步骤开始学习:

❤ 第一步

父母先来命名,指着蓝纸片告诉孩子——蓝色。

❤ 第二步

父母指认,问孩子:"蓝色在哪里?"让孩子把蓝色找出来。

❤ 第三步

父母指着蓝色纸片问孩子:"这是什么颜色?"孩子来作答。

面均不如前者。

根据这个道理，父母在家庭环境的布置方面，应充分考虑色彩效应，使孩子拥有一个欢快、明朗的色彩环境。

桐桐快 4 岁的时候迷恋上了涂色笔和涂色书。每次自己把不同的颜色涂在图画上，看着那些鲜艳的色彩，她会高兴地哈哈大笑，而且会大声地说："你看我涂呀涂呀，把它们全部涂到外面去！"桐桐所说的"外面"，是指涂色书上线条所形成的框框的外面。

桐桐还非常喜欢尝试新的颜色。这样过了大约一个月，桐桐似乎表现出对一些明亮色彩的偏好，比如大块的色块，她就会更多地采用大红、明黄或者天蓝，但总体而言，桐桐还是喜欢尝试各种颜色。常常一个小熊或者一朵花，她就能用上好几种颜色。在桐桐十八色的彩笔里面，除了黑白两种颜色桐桐很少用到之外，其他的颜色她都喜欢尝试。

在桐桐对涂色最热情的时候，一个下午她就可以喜滋滋地把整本涂色书里自己所喜欢的图案全部涂完。后来，桐桐又喜欢上了在一张大白纸上任意涂色。在那段时间里，她涂色或快或慢，脸上往往带着灿烂的笑容，看上去满足而美丽。

在桐桐的每一张作品中，都能感到那色彩之中有一种难以用言语表达的和谐灵动，而且经常是非常富有创意的。

色彩敏感期，是父母教孩子认识色彩的最好时期。许多父母有过这样的经验：孩子可以指着香蕉说黄色，指着苹果说红色，指着葡萄说紫色。但是，孩子看到黄色的杯子或其他黄色的物品时却不认识黄色。其实，这种教育方法混淆了概念，因为与"黄色"对应的，不仅是颜色，还有形状、材质等属性。所以，在教孩子认识一种色彩的时候，要为孩子提供不同形状与材质的物品，唯一的相同点就是颜色一样，当孩子找到内在的规律时，就认识了这种色彩；而认识不同的颜色时，则要为孩子提供形状与材质都一样的色板，唯一不同的属性就是颜色不同，这样孩子才能把观察力集中在区分色彩上。

第四篇

4至5岁，
和孩子一起度过敏感期

第一章
出生和性别的敏感期
——"我是从哪里来的"

○ 解读孩子的出生敏感期

孩子会永远关心一个问题：我是从哪里来的，要到哪里去？尤其是孩子进入出生敏感期的时候，他们会更加强烈地想知道自己到底是从哪里来的。

每一个孩子到了一定的年龄段就开始追问："我是从哪里来的？"这时，孩子开始追着所有的人问这样的问题，并且这样的情况会持续几个月。这之后，他们就会开始对人体产生极大的兴趣，对男女差异也会产生极大的兴趣，于是孩子开始区别自己，逐渐进入另一个敏感期，即性别敏感期。

心理学家艾瑞克·弗洛姆认为，人感到孤独、无能、没有安全感，首先来自人同自然的基本联系的丧失。成人已经难以理解这一点了，而孩子身上还有自然的一部分天性，孩子需要知道，作为生命，我们有自然诞生和自然死亡的过程。这种来去自然的现象能给孩子巨大的安全感。

巧妙回答孩子关于出生的问题

孩子在这一敏感期时会对自己从哪里来十分感兴趣,但是父母对此有些难以启齿。那么,父母应该怎样回答这类问题,同时又不欺骗孩子呢?

> 以前你也是在妈妈的肚子里……

1 有技巧地向孩子阐述

对于孩子的问题不能采用欺骗的方式,可以通过讲故事,或者给孩子看类似视频的方式告诉孩子。

2 善待孩子的刨根问底

孩子通常不会问一个问题就罢休,而是有非常多的"为什么",对此,妈妈一定要有耐心,满足孩子好奇的心理。

> 谢谢妈妈把我生出来,我长大了一定给你买好多好吃的。

3 借机让孩子了解真相

如果家长借此机会让孩子了解妈妈怀孕到生产的真相,并让孩子明白父母对他的爱,孩子都会因此感动的。

有一位幼儿园的老师讲过这样一个故事：

一次中午值班，我给孩子们读《儿童世界百科全书》中"生命的诞生"。读完之后，有三个小朋友扑倒在我的怀里哭起来，其他孩子坐在小椅子上，安静地一言不发。这件事情让我十分震惊，他们为什么会有这样的反应呢？

为了弄清楚这个问题，下午，我在另一个班读了同样的内容。读完之后，又有孩子哭了。这一天，我想了各种解释，但我心里明白，每种解释都牵强附会。

晚上，我和儿子躺在一起，给他讲述他出生的过程，讲他是爸爸的精子和妈妈的卵子相遇、相处，然后形成受精卵，在妈妈的子宫中长大……儿子在听完之后抱着我哭了。我又一次被震动，但是依然不明白。我小心地问儿子为什么会哭，儿子一边哭一边问我："我是这样来的吗？"

我突然领悟到，生命的诞生是一个了不起的过程。我们每一个人都来自某个地方，如果我们知道自己来自那个地方，那就等于在我们眼前打开了另一扇生命之门，原来孩子们是被感动哭了。

但是，并不是所有的父母都会像这位幼儿园老师一样认真、正确地向孩子讲述生命的诞生，许多人认为生命的诞生与性有着紧密的关系，因此，对于孩子的问题总是难以回答。于是，各种搪塞的答案层出不穷。

"你是从垃圾堆里捡来的。""你是从石头缝里蹦出来的。""你是发洪水的时候冲下来的。"……这种在成人看来是玩笑的回答,会对孩子的心理造成一定的伤害,即使孩子长大了,知道这是玩笑话,但它给孩子带来的潜意识也很难消除。

有些妈妈是剖宫产生下的孩子,因此认为可以告诉孩子。但是有这样一个故事,说一个男孩在听完妈妈的讲述之后,泪流满面,抚摸着妈妈肚子上的伤痕,边哭边说:"等我长大了,就不让我媳妇生孩子。"他认为妈妈受的这般罪全都是因为自己。

但是,对于孩子来说,认识性别、性器官就像认识眼睛、鼻子一样。在幼儿园中,当老师将这些内容正面讲给孩子们的时候,孩子们听得非常认真,就像在听老师上故事课一样正常。有一个幼儿园的孩子因为生殖器做了一个小手术,所以不能做每天的运动操了,他就把这件事坦然地告诉了其他孩子。当其他孩子告诉老师的时候,就如同在说他的鼻子动了手术一样,没有一个孩子神神秘秘、大惊小怪,没有一个孩子在这个问题上有暧昧的想法。

○ 解读孩子的性别敏感期

在四五岁这样的年龄段,孩子开始对人的身体,特别是异性的身体表现出明显的兴趣。这标志着孩子进入了性别的敏感期。

一般来说,孩子的性别观念是在3岁之后产生的。当性别观

关注孩子的性别敏感期

当孩子进入性别敏感期之后,就会逐渐发现自己和异性的不同,开始对此产生兴趣。

1 对异性的身体感兴趣

对于异性和自己身体的不同,孩子会感到十分好奇,并不断进行"研究"。

2 对妈妈的胸罩感兴趣

他们开始对妈妈的胸罩感到好奇,因为好像只有妈妈和阿姨们才会有。

你看那边的那个男孩,他的眼睛好大,真好看。

3 评论异性小朋友的相貌

开始有自己的审美,对别的小朋友评头论足。

父母应该了解这个年龄段孩子的心理是纯真的,他们只是好奇,并没有其他的想法。所以,对于孩子提出的奇怪的问题,父母坦然面对就可以了,不要觉得孩子的想法邪恶。

念产生之后，孩子就会发现男性与女性之间的很多区别：生殖器官、发型、衣服、嗓音和举止等。对于同一个概念，比如性器官，儿童的理解和成人的理解明显不同。在大人眼中，这类概念包含着很多世俗的、道德的内容，而对于孩子来说，他是在客观地认识世界，而这只不过是他众多认识对象中的一个，没有任何感情色彩。反而是因为大人的神秘、不肯做正面解释，让孩子对此更加感兴趣。一旦他理解了，自然就会对此失去兴趣。

与西方人相比，我们中国人思想比较保守一些。因此，在性教育方面，中国的父母在孩子面前总是表现得很矜持。当孩子到了四五岁的时候，中国的大多数家庭都会不约而同地遵守这一条规律：女儿和妈妈一起洗澡，儿子和爸爸一起洗澡。于是，这就更增加了孩子对异性身体的好奇。

虽然性教育的观点已经被许多父母接受，但是在很多时候，我们不但不善于对孩子进行性教育，而且还常常对孩子进行错误的教育。

4岁的奕奕有一个小表妹，只比奕奕小半岁，两个人经常一起玩。在小的时候，两个人根本没有什么性别的区分，他们玩一样的玩具，衣服还常常换着穿。最近，奕奕却不肯穿小表妹的裙子了，而且也不抢小表妹的玩具了，反而殷勤了不少，给小表妹拿吃的、拿玩具，显然是对这个经常见的女孩产生了不一样的兴趣。

有一天，两个人在一起玩的时候，小表妹蹲在地上尿尿，奕奕觉得十分好奇，自己都是站着尿尿的。于是，奕奕好奇地跑过去并趴在地上看小表妹的私处。然后非常疑惑地对小表妹说："咦？妹妹，你怎么没有小鸡鸡啊？"被哥哥这么一问，小表妹也有些疑惑："你有小鸡鸡吗？"奕奕点点头说自己有，还把自己的裤子脱下来给妹妹看。这下，小表妹也开始好奇起来。于是，奕奕就带着小表妹去问妈妈："妈妈，妹妹为什么没有小鸡鸡呢？她都是蹲在地上尿尿。"

当时房间里有很多人，面对儿子的这个问题，妈妈真的不知道该如何作答。于是，妈妈很生气地把奕奕拉到房间外面，并对奕奕说："以后不要在这么多人面前问妈妈这样的问题，你丢不丢人啊？妈妈觉得快要丢死人了！"

其实，孩子对性的羞耻感和罪恶感就是由此产生的，妈妈的讳莫如深和觉得丢人的话，会给孩子的心理造成极大的消极影响。其实，在这些年龄尚小的孩子眼中，私处和眼睛、嘴巴一样，他们只是好奇，为什么男孩和女孩的私处不一样。在这种情况下，父母只要用科学的方式向他们解释，就像教孩子认识眼睛、嘴巴一样去认识他们的私处，孩子很快就会对此失去兴趣。

到了5岁左右，几乎每个孩子都开始对自己的身体感兴趣，这是他们开始认识"人"了。这种早期的认识使孩子第一次坦然地接纳自己，爱自己。

性别敏感期的其他行为

孩子在性别敏感期还会有以下的行为:

> 走吧,妈妈带你进女厕所。
>
> 不行,我要去男厕所!

> 这个好吃,你吃这个!

❤ 1 产生害羞感

他们开始发现性器官是个人隐私,开始会觉得不好意思,会害羞。

❤ 2 对异性小朋友比较好

"异性相吸"这一理论在四五岁孩子的交往中表现得非常明显,这是孩子心理发展中的一种正常表现,父母不必过于担心。

这些都是孩子性别敏感期的正常表现,父母只有读懂孩子的这些行为,并用坦然的态度去对待他们,孩子才能顺利地度过这一时期。

此后,孩子开始关注社会性的男女差别,这种关注从服饰开始。女孩关注自己的服饰,纷纷选择喜欢的人物作为自己的偶像,比如白雪公主、小美人鱼、灰姑娘等。男孩对女性化的服装开始提出抗议,兴趣会集中在社会性的活动上。

○ 让孩子正确认识自己的性别

无论是男孩还是女孩,都会在某一阶段对自己的身体产生好奇,想了解身体的每一部分。出于好奇和想要了解的心理,孩子开始探索自己的性别,开始明白男孩和女孩是有区别的。

孩子对于生理上的性别认识一般比较容易掌握,能够明确地知道自己是男孩还是女孩。但是随着孩子的成长,他们还需要在心理上理解性别的概念,理解自己在社会行为中扮演的相应的性别角色,这就是我们所说的性别和性别角色认同。

灿灿今年5岁了,妈妈发现最近儿子发生了很大的变化,对性别越来越敏感。

前两天,妈妈带着灿灿到外面游玩。玩着玩着,灿灿想要上厕所了,妈妈就带着灿灿去附近的一个公共厕所。妈妈为了方便照顾,便打算带灿灿去女厕所。到了女厕所门口,灿灿坚决不跟着妈妈进女厕所,还说自己是男生,应该去男厕所。以前灿灿逛商场的时候都是跟着妈妈去女厕所的,也没有任何迟疑,但是现在却怎么也不肯去了。无奈之下,妈妈只好在外面等着灿灿,让他一个人去男厕所。

灿灿自从3岁以后都是自己穿衣服,当然开始的时候还需要妈妈的帮助才能完成,但是现在灿灿已经可以自己穿衣服了。不过这几天,只要是他要换衣服,就把妈妈推出自己的房间,还让妈妈关上门,不让妈妈站在一边帮自己。在家里上厕所的时候也是这样,让妈妈关上门,他自己上厕所。

以前,阿姨会把家里小姐姐穿不上的衣服送给灿灿穿,灿灿也很喜欢穿小姐姐的衣服。但是现在不行了,只要是有一点女孩子气的衣服他都坚决不穿。玩具也是一样,他只要小汽车、枪等男生玩的玩具,对于洋娃娃、布偶等小女孩喜欢玩的玩具也是一个都不要,买回来他也不会玩,还不允许放在自己的床上。

很显然,例子中的灿灿已经知道了自己的性别以及性别角色,所以才坚持自己的想法,不和妈妈去女厕所。此时,父母就要充分尊重孩子,让孩子自然地发展性别角色。除此之外,父母在日常生活中,还要充当好性别角色的榜样。让孩子可以从爸爸妈妈身上得到一些关于性别角色的认识,例如,从妈妈的身上认识女性角色,从爸爸身上认识男性角色,从爸爸妈妈两人身上发展对异性的信任。所以,爸爸妈妈在生活中,尤其是在孩子面前,一定要注意自己身上的性别特征,甚至是性格特征,这会对孩子产生终生的影响。

父母需要注意的是,生理上的性别与心理上的性别认同有时并不一致,有些人会发生性别认同混乱的现象,这使他们非常痛苦,常常会觉得自己在一个错误的身体里。因此,教会孩子很好地认识性别和理解性别角色是爸爸妈妈不可忽视的责任。

父母要注意对孩子性别角色的影响

教孩子很好地认识性别和理解性别角色是父母不可推卸和忽视的责任。

1 注意自己的认识可能造成的影响

父母对性别的接受程度会影响孩子对自身性别的认可。

2 养育方式的影响

把男孩当女孩养或把女孩当男孩养,都会使孩子发生性别认同上的混乱。

3 为孩子树立良好的性别角色榜样

父母要在日常生活中表现出自己的性别特征,给孩子一个自然而然的认知。

4 重视爸爸的作用

爸爸会严格按照社会所规定的性别角色标准要求孩子,但是妈妈总会担心孩子受伤而温柔对待。

许多孩子之所以会出现性别认识上的错误，跟父母有很大的关系。比如许多父母想生女儿结果生了儿子，或者想生儿子结果生了女儿，就会把孩子往相反性别上打扮和教育，这会对孩子产生十分不利的影响，使孩子产生性别认同上的混乱。其实，父母平时可以利用生活中的自然情境让孩子理解不同的性别角色，比如在爸爸工作感到辛苦的时候，妈妈和女儿一起安慰爸爸，体现女性的温柔和理解；爸爸和儿子一起完成繁重的劳动，让儿子感受作为男子汉该有的坚强和力量。

第二章
身份确认敏感期
——开始崇拜偶像

○ 解读孩子的身份确认敏感期

所谓身份确认敏感期，是孩子在四五岁的这一个年龄段，会迷恋上某个或者某几个偶像。联系到孩子的善于模仿，所以在这个身份确认敏感期，孩子会将模仿发挥得淋漓尽致，他们会全身心地模仿他们所喜欢或者迷恋的偶像。如果父母认为孩子仅仅只是模仿就大错特错了，他们不仅会模仿偶像的行为，还会常常把自己当成偶像。

许多父母或者幼儿园的老师会发现，这个年龄段的孩子常常会说自己是白雪公主或者说自己是超人等，他们把这些从动画片或者故事书中看到的人物奉为偶像，在平常的生活中模仿这些偶像的一举一动，从服饰穿着到说话的语气，无一不模仿。或者干脆把自己打扮成偶像的样子，对着别人说"我是超人"诸如此类的话。

4岁的明明特别迷恋奥特曼，妈妈常常觉得有些不可思议。明明每天穿的衣服上都要有奥特曼的图像或者有些类似奥特曼

孩子选择偶像的差异

在孩子进入身份确认的敏感期之后，都会做一个美丽的梦，希望自己成为理想中的人物，他们就会从童话故事和动画片中选取一些喜欢的形象作为自己的偶像。但是，男孩的偶像和女孩的偶像是有差别的。

❤1 男孩

男孩子一般会选取孙悟空、钢铁侠之类的有能力、有力量或者充满正义、除暴安良的形象。

❤2 女孩

女孩子一般会选择白雪公主、灰姑娘等善良、优雅、漂亮的人物形象作为自己的偶像。

> 在这个时期，孩子会模仿偶像的行为、动作，甚至说话的语气、走路的姿势等，有的孩子还会认为自己就是那个偶像。对于孩子纯真的崇拜，父母不必担心，过了这个时期，孩子的模仿自然会停止。

的服装，鞋子上也要有奥特曼，如果没有，明明就会拒绝穿。当然，明明也不会放过书包，他的书包上有一个大大的奥特曼的造型。这些让明明觉得十分骄傲，总是见人就说："看看我的奥特曼！"

有一天早晨，妈妈问他："今天是穿白色的袜子，还是蓝色的呢？"明明居然站起来对着妈妈说："奥特曼都是穿什么样的颜色？是不是穿红色？"可能他自己觉得奥特曼都是红色的，因此拒绝穿其他颜色的袜子，但是家里并没有红色的袜子，可明明就算是光着脚穿鞋，也坚决不穿别的颜色的袜子。

还有，明明的玩具都是大大小小的奥特曼。明明只要在商场看到奥特曼，就会要求妈妈买回家，可是家里已经有很多了，妈妈就会拒绝明明的要求，明明则在商场赖着不走。而且奥特曼有很多的造型，也有不同的名字，妈妈根本分不清哪个是哪个，但是明明只要看一眼就知道哪个奥特曼叫什么名字。明明还会常常追着妈妈，让妈妈扮演怪兽，他扮演奥特曼，但是妈妈有很多事情要做，没时间跟他玩，他就会追在妈妈身后说："我是奥特曼！"妈妈生气地说："你不是奥特曼！你也不用学他！你就是你！"明明听后，委屈地哭了起来……为此，妈妈常常怀疑自己是不是平时让他看的动画片太多了。

例子中的明明，之所以会出现这样的语言和行为，是因为孩子进入了身份确认敏感期。他对奥特曼的崇拜、迷恋以及模仿，都是身份确认敏感期中的一种正常的表现，父母不能把这种行为归结为孩子看了太多动画片的缘故。

那么，孩子为什么会进入这个敏感期呢？他们为什么会对自己的偶像如此着迷呢？

这是因为，孩子在3岁之前，只要父母或者其他监护人没有在身边，孩子就会产生焦虑和被遗弃的恐惧心理，他会用哭泣的方式表达出自己的情绪，大人也会在听到孩子哭泣的时候，立刻回到孩子身边。孩子在4岁左右时，虽然活动能力不断增强，大人在孩子身边的时间也越来越多，但是，这个年龄的孩子仍然像以前一样，在心理上需要安全感。于是，在这个时候，孩子就会面临一个巨大的任务，就是在内心逐步建立一个关于自己的形象，即"我是谁"，并逐步给自己定位。而动画片和故事书等文学作品为孩子完成塑造这个形象提供了很大的帮助。每一部动画片和每一个故事中都有很多的形象，有的胆小懦弱，有的高大威猛，有的机智勇敢，有的心灵手巧……而这个阶段的孩子在精神上刚刚与父母脱离，他们常常会觉得自己非常弱小，因此会希望自己变得更强大、更英勇。他们开始崇拜英雄，并希望自己也能成为这样的英雄，于是就会学动画片或故事中的人物形象，这正好满足了孩子的这一心理需求。

因此，孩子在身份确认敏感期时会根据自己的要求选择自己的偶像。一些力气小的孩子就会崇拜强大的动物或者其他动画形象，而力气大的孩子可能会喜欢英勇机智的形象，有些女孩子则可能会把善良美丽的形象作为自己的追求，等等。父母不要小看孩子或者误解孩子的这一行为，认为孩子是在调皮捣乱或者无理取闹，其实，在孩子崇拜偶像的同时，他们自身的心理性格也在逐渐形成。

○ 理解孩子这一时期的心理

在成年人看来，童年是个充满梦想的时代，一切都是十分美好的。但是，对于孩子来说，那些梦想就是真实的。处于这个时期的孩子，如果想当超人就会把自己打扮成超人，还让别人都称呼自己是"超人"。这种行为不是我们大人意义上的一种游戏，而是孩子在内化这些人物背后的人格特征和心理特征。孩子在童年时期会把这些人格特征和心理特征内化在自己的生命中，这就是孩子自我创造的特征。可能再过两三年，孩子就不再把他的愿望付诸行动，而只是作为自己的心理活动。不管怎样，孩子都会用自己的方式与自己的偶像进行交流。

可能父母会觉得孩子这样做有些不切实际，或者觉得孩子有些太过调皮。但是，无论怎样，父母都不要过早地把孩子的梦唤醒。

安安自从看了电视剧《西游记》之后，就深深迷恋上了孙悟空，整天都是斩妖除怪、伸张正义。安安看到有的小孩子哭了，就会跑过去对人家说："是不是遇到妖怪了？你告诉俺老孙。"看到有的孩子打架了，他也去凑个热闹，而且他很快就能分辨出哪一方是弱小的，哪一方是强大的，于是他就会加入弱小的一方。

安安完全是把自己当成了孙悟空。在家里，妈妈喊他吃饭："安安，吃饭了。"但是安安好像没有听到一样。妈妈走到安

帮孩子度过身份确认的敏感期

在身份确认的敏感期,孩子会有很多不切实际的想法,会模仿自己的偶像。其实,父母不必为孩子这些"不正常"的表现头疼,等过了这个时期,孩子自己就会变得"正常"起来。

1 允许孩子尽情地模仿

这个时期的孩子会表现出一些怪异的行为,父母不必担心,也不用刻意阻止,可以让孩子尽情地去模仿。

2 不要过早唤醒孩子的梦

如果父母过早点醒孩子,就会让他伤心、失落,孩子的性格发展、心理健康也许就会受到影响。

3 适当满足孩子的需求

因为有了偶像,孩子就会需要很多的故事书、玩具,如果有条件的话,父母不妨满足一下孩子的这一需求。

安面前，问："安安，妈妈喊你，你怎么不回应呢？"安安抬头看着妈妈说："我是孙悟空，请叫我齐天大圣，或者叫我孙大圣也行！"妈妈只好开口喊他孙大圣，安安这才开心地去吃饭了。

安安不仅是在家里这样。在幼儿园里，安安也要求老师和小朋友都叫他孙悟空。老师知道这是因为安安正处于身份确认敏感期，所以很配合安安，但是其他小朋友就不会这么买账了。因此，很多小朋友不肯喊他孙悟空，还说安安不是孙悟空，安安常常因此哭泣。

过了差不多半年，妈妈有一天在一堆玩具下面发现了安安的金箍棒，就拿出来对安安说："你的金箍棒怎么不要了呢？"安安看都没看一眼，专心地在纸上画着自己的杰作，说："我已经不喜欢这个棍子了。"妈妈知道，安安扮演孙悟空的时期已经过去了，现在他又有了新的"项目"。

●────────────────●

通过这个例子我们可以知道，当孩子自然地度过了身份确认敏感期后，不用父母提醒，他们自然就会从梦中醒来。事实上，孩子的崇拜、模仿行为的背后都隐藏着孩子深层的心理原因：因为在孩子年龄小的时候，孩子会认为自己非常弱小，他们希望建立一个关于自己内心的形象，希望自己能够变得高大而勇猛，这就是在逐步地给自己定位。所以，孩子在这一时期就会根据自己的要求选择自己的偶像，如果父母强行把孩子从这样的"梦"中拉出来，就会让孩子伤心失落，从而影响孩子的性格发展与心理健康。

因此，面对这一时期孩子的看似有些不正常的表现，父母要理解孩子的心理需求，尽量满足他们这样的心理。当然，如果孩子做得有些过分或者有些行为会出现危险的时候，父母要通过正确的指导来帮助孩子顺利度过这一敏感期。

○ 偶像可以让孩子越变越好

孩子在进入身份确认敏感期之后，会通过自己喜欢的人物的性格来表达和确认自己，从而完成自己理想性格的构建。这个过程会对孩子一生的性格和心理的构建起到非常重要的作用。所以，父母不要轻易否定孩子给自己定位的身份，应尽量配合孩子的这一行为，父母还需要细心地观察、理解和提供给孩子帮助，来协助孩子顺利地度过这一时期。

在这一时期，孩子会根据自己的心理需求给自己定位某一个角色，并模仿这个角色的行为和性格，还会要求家人或者身边的其他人承认自己的这个新身份。有的孩子还会认为自己就是某一个角色，因此要求别人以此来称呼他。如果别人把他当成他理想的角色，并和他用这样的身份玩游戏，孩子就会非常开心。但是，如果别人不承认他的身份，孩子就会非常难过和伤心。

当然，孩子由于年龄小、心理发育不成熟，很多事情都不能全面考虑，因此常常会出现不懂礼貌、不遵守规则等行为，有时甚至会无理取闹，让父母十分头疼。这个时候，父母就可以利用孩子在身份确认敏感期时所崇拜的人物来引导孩子，让孩子纠正自己的不良行为，明白一些简单的规则，让孩子的偶像来影响孩子的行为。

4岁多的丽丽特别喜欢白雪公主，她的文具和衣服上都是白雪公主的图像，她还会打扮成白雪公主的样子，模仿白雪公主的行为以及说话的方式。她常常让妈妈把一块小纱巾别在她的头后面，然后丽丽就会告诉妈妈："白雪公主就是这个样子的，现在我也是白雪公主了。"

以前，丽丽走路非常快，有时直接就是跑，而且也不看路。但是，自从丽丽迷恋上白雪公主之后，她的走路姿势也在慢慢发生变化。她常常一边走路的时候一边对自己说："白雪公主走路应该是这个样子的，轻轻的、柔柔的……"然后，她自己走路就会慢下来，还会看着路了，非常优雅地慢慢走。

这就是偶像的力量。孩子有了自己的偶像之后，就会模仿这个偶像的行为和性格，并会以这个人物形象来约束自己的行为，让自己的行为尽量符合这个形象。所以，父母就可以根据这个特点来顺势引导孩子，除了可以以此来纠正孩子的一些偏激的行为之外，父母还可以引导孩子向偶像学习，学习偶像的一些优秀之处，从而使孩子形成思维定式，建立规范意识，形成良好的习惯。

第三章
绘画敏感期
——从胡乱画到有章法

○ 解读孩子的绘画敏感期

孩子一般在4岁左右会进入绘画敏感期,在这个时期,孩子的眼睛亮亮的,好像他们的灵感随时都会跑出来一样。所以,孩子在任何场所都可以进行创作。在这个时期,绘画成了孩子最感兴趣的事情,许多以前喜欢玩各种玩具或者喜欢看动画片的孩子,此时都开始拿起自己的画笔,安安静静地画画,仿佛画笔有魔力一般,让他们乐此不疲。

孩子通过色彩去认识真实的世界,拿起画笔用色彩来表达自己的心理以及想象中的世界。那些看似杂乱无章的描画,却是孩子对色彩的认识、对笔的使用和对世界的探索。孩子的心理世界和我们成人的心理世界是不一样的,所以爸爸妈妈不要用批评的眼光去看待孩子的画作,因为他们有他们的理解和认识,这些画作是他们在表达自己的内心世界。

在心理学家加德纳的智能结构理论里,有一种非常重要的智能形式叫作空间智能。具有空间智能的孩子能够准确感知视觉空

让孩子尽情去绘画

孩子画出的内容,其实就是他们眼中的世界。当孩子进入绘画敏感期后,父母在培养孩子时要注意哪些问题呢?

妈妈,给我买两个本子好吗?

当然可以,用完了妈妈还会再给你买的。

宝贝,我们再画个香蕉好吗?

❤1 支持孩子随意画

孩子自由地绘画是在表达自己的内心,这可以使他平时无法表露的内心矛盾得到发泄,使心理负担减轻,有利于保持心理健康。

❤2 鼓励孩子多画

鼓励孩子画不同的事物,让孩子笔下的世界更多彩一些。

❤3 陪孩子一起绘画

这个时期的孩子绘画是没有目的的,父母可以陪着孩子一起绘画,增强孩子的绘画兴趣。

当然,在孩子涂涂画画的过程中,父母要善于用鼓励、表扬的语气赞赏孩子的作品,激发孩子继续创作。

间以及周围的一切事物,并且能够把所感觉到的形象以图画的形式表现出来。有这项智能的孩子对色彩、线条、形状、形式、空间关系都十分敏感。

其实,孩子在4岁左右,储存在大脑中的表象已经足够多了,他们想要通过画笔表达对外界的感觉。不断地绘画可以促进孩子右脑的发育以及脑的联想、变化、跳跃、发散等功能的发展。

人的大脑是一个整体:左脑着重于想象思维,负责语言、书写、数学运算等;右脑着重于形象思维,负责感知物体的空间关系、情绪、音乐等方面。对于4岁左右的孩子来说,右脑占有比较大的优势,但是随着年龄的增长,这个优势会逐步减弱。因此,在孩子处于绘画敏感期的时候,父母应该抓住机会,巩固和发展孩子的形象思维优势和创造性思维。

彬彬最近迷上了绘画,本子上、书上,就连妈妈的衣服上他都画上了画。现在每次去买东西,彬彬什么都不要,小汽车不要了,钢铁侠不要了,就连他最爱的玩具挖掘机也不要了,只买彩笔、画纸、图画书等与绘画相关的用品。每次买回图画书,彬彬就会照着画,有小鸟、小老虎、大树,还有鞋子、房子等。

有一次,彬彬画完以后,对妈妈说:"妈妈,等我长大了就盖一个这样的大房子给你!"妈妈看着彬彬认真绘画的样子,开心极了。而彬彬画的也确实不错,爸爸妈妈觉得彬彬很有绘画天赋,不能耽误了孩子,就决定给彬彬报一个绘画辅导班。

但是，在绘画辅导班里，彬彬总是不按老师的要求画画，每次都是想画什么就画什么。爸爸因此教训了彬彬好几次，结果不到一个月，彬彬就怎么也不肯去辅导班了，就算在家也不肯画画了。

父母应该明白，即使孩子很早就表现出了绘画的天赋，也并不代表孩子一定能够成为画家，因为每一个孩子在这个年龄都会进入绘画敏感期。即便如此，我们还是应该支持孩子绘画，但不能强制培养孩子的绘画能力，而是要让孩子自由发展，从而锻炼孩子的想象力、图形理解能力、用画笔的表达能力以及动手能力等，从而促进孩子大脑皮层的发育，进而促进孩子心理的发展。

绘画不仅可以发展孩子的自身因素，而且还是孩子很好的宣泄方式。由于孩子小，还不具备情绪掌控能力，但是孩子和大人一样有压力、有消极的情绪，甚至比大人更多。而绘画具有很强的宣泄作用，可以使孩子消极的心理负担得到卸除，获得心理平衡，保障心理健康。个别4岁左右的孩子会表现出性格上的不良倾向，比如执拗、任性、无理取闹等，这种心理上的偏差是长期的不良教育形成的。不良教育起初会造成孩子心理上的消极、不平衡，如果这种情绪反复出现就会慢慢固定下来，变成不健康的心理，而绘画可以克服不良教育的影响，让孩子获得自我保护。

进入绘画敏感期的孩子，会把绘画当成生命中最为重要的事情，孩子会不停地画，他们会因此觉得十分幸福。所以，当孩子进入绘画敏感期时,父母应该让孩子尽情去画。

○ 绘画敏感期的发展过程

绘画敏感期中的孩子往往会对敏感的对象表现出痴迷的热情,孩子的绘画敏感期的到来也是如此。孩子的绘画敏感期在4至5岁到来,整个敏感期会持续一个月到一年的时间。

绘画品质是与生俱来的。每一个孩子都是一名艺术家,他们用绘画的方式来展现与众不同的生命的感觉。随着孩子一天天长大,伴随他们成长的画笔不仅会带给他们喜悦,也会不断地为父母传递一个信息:关注孩子的艺术天性。

绘画是孩子表达自我的一种语言形式。孩子在2岁左右就可以自然地拿起笔来画画,只不过画的只是一些线条,因为这个时期的孩子更多的注意力是放在手对笔的使用上,而不会对本身画的是什么东西产生太大的兴趣。随着孩子的成长,孩子就会发现,他的手能够控制住笔,可以画出一个大概的形状,这个发现会让孩子产生巨大的成就感。

伟伟在2岁多的时候忽然有几天变得十分安静,原本还喜欢到处找一些小台阶走上去,然后从上面跳下来,但是这几天他忽然就不跳了,而是喜欢趴在桌子上专心致志地画起画来。

当然,他的画可能只有自己能够看得懂吧。伟伟手里握着笔不断地在纸上画一些曲线,有的可以连成一个圆,有的还没有连接成圆,总之就是一团线团,但是伟伟乐此不疲。

每当完成了的时候,伟伟就会开心地告诉妈妈,哪一个是苹果,哪一个是小花猫。虽然妈妈什么也看不出来,但还是会配合地欣赏他的画,并不断发出赞叹:"这个苹果看着好大啊!""哇,这只小猫这么漂亮啊!"但是,这个时期并没有坚持多久,伟伟就又跑到外面疯玩起来,画笔也不再碰了。

也许像例子中的妈妈一样,许多大人会觉得这个时期的孩子的作品根本就不像是绘画,但是这个年龄段的孩子的绘画就是这样的,这些线团或者点都表露着孩子最初的认识和原始的记忆。这个阶段被称为"儿童时期的符号系统",会伴随孩子一段时间。

随着时间的推移,孩子的心理不断发展,认知水平不断提升,他们逐渐有了表现生活的愿望和需求,所以,他们会把生活和绘画紧密地联系在一起。这个时期,孩子的绘画会进入一个新的阶段:回归生活,回归自然。他们开始注意生活中感兴趣的事物,开始喜欢观察动物、喜欢看动画片、喜欢听童话故事,从此进入一个有形的空间,开始尝试着用绘画的方式表达他们喜欢的事物,于是孩子的早期造型就开始了。

这个时期的孩子总是会用最简单的绘画进行表达,所以大人所看到的孩子在这个阶段的作品都是一个雏形,比如一个圆圈就是一个苹果,画得大一点就成了西瓜等。在这个阶段,孩子不会

孩子绘画的过程

一般来讲，孩子在绘画敏感期要经历以下几个发展阶段：

① 乱画阶段

② 掌握形状阶段

③ 真正进入绘画状态（这是我画的小花猫！）

④ 对细节观察和表达阶段（妈妈的头发是长长的。）

注意细节，而且对细节也不感兴趣，因为他们的观察和表现对象永远是整体的、宏观的。有一些父母有些心急，认为孩子画得不仔细，就会贸然地教孩子和要求孩子，孩子便放下画笔让大人来画，同时还会表现出对自己作品的不满情绪，从此不肯再画画。

其实，大多数孩子的绘画天赋就是这样泯灭的。

4岁的翔宇已经在幼儿园学习了半年多了，最近，翔宇每天从幼儿园回家后，就开始拿出自己的画笔和绘画本画画。翔宇并没有什么绘画的基础，刚开始画画的时候也常常让人分不清画的是什么。半个多月之后，妈妈发现原来翔宇每天都在画小鸟，各种各样的用圆形组成的小鸟。

自从喜欢上画画以后，原本调皮的翔宇变得非常安静，就像是变了一个人一样，连动画片也很少看了。

有一次，翔宇在画画，妈妈蹲在他身后看到翔宇在画一群排成队的小鸟。当然，翔宇笔下的小鸟就是一些圆圈。妈妈告诉翔宇，小鸟的头要小一点儿，要画上眼睛和尖尖的嘴巴等。翔宇有些疑惑，妈妈就拿过画笔画给翔宇看。翔宇并没有开心地跟着妈妈画，而是看着自己画的小鸟发呆。从这以后，翔宇再也不画小鸟了，就连对画画的兴趣似乎也减少了很多。

如果孩子顺利度过了这一时期，那么在4岁半左右，绘画就会有一个新的提升。孩子会不再满足于对事物轮廓的宏观表现，开始关注事物的细节，画面开始往更细微的方向发展。孩子加大了自己的观察力度，尽量去表现观察到的每一个细节，从这个时期孩子的作品中就可以看到具体的内容了。比如，孩子画的人物开始有了头发、眼睛，甚至眉毛，在画西瓜的时候会画上西瓜的

花纹,花朵里面会画花蕊,等等。父母通常会对此欣喜不已,孩子也会对绘画非常认真,有时还会对自己的作品感到不满意。于是,他们开始请教老师、父母。

到了6岁之后,孩子对绘画的兴趣会逐渐增加,他们开始用更丰富的绘画技巧表达他们对身边一切事物的认识和自己的心理感受。不过,到了这一时期,孩子基本上就已经度过了绘画敏感期。

○ 让孩子自由地绘画

绘画是孩子的一种天然的语言表达方式,处于绘画敏感期的孩子,根本不用父母去引导,他们自己就会拿起画笔来画画,他们会根据自己的心理、自己的理解和自己的喜好,任意地去表达自己所观察到的事物,表达自己的内心世界。孩子的心理和我们大人的心理是不同的,所以孩子的很多作品我们根本看不懂,但是孩子却非常欣喜。

生活中,许多父母习惯于在这个阶段去纠正孩子的乱画行为,并认为孩子这样画是不守规矩的表现,或者认为孩子错了就要纠正。其实,孩子只是在用绘画的方式来表达自己的感受,用自己独特的视角来表达对世界的认识和理解。

从4岁开始,小雨便喜欢拿着笔乱画,不仅是在纸上,自己的衣服上也常常会有他的"杰作"。当然,家里的墙壁也成了他的画纸,到处都是各种分辨不出来的图案。

如何对待孩子的绘画

孩子在绘画敏感期会通过绘画来表达自己的内心世界。所以，在此阶段，父母要做到：

1 给孩子自由，让他/她去画

孩子的创作是随心所欲的，父母要尽量给孩子足够的自由，让孩子尽情发挥自己的想象去创作。

2 适当地给予引导

给孩子自由并不是什么都不管，而是在适当的时候给孩子恰当的指导，让他的绘画再上一个新台阶。

> 对于孩子的绘画，父母也不必太过着急，看到孩子画得很乱就批评孩子，这样会打击孩子绘画的热情。而是应该遵循自然法则，让孩子顺其自然地慢慢成长。

有一次，妈妈指着小雨画在纸上的东西问："小雨，你这画的是什么呀？"小雨显然有些得意，开心地对妈妈说："小汽车！妈妈你看，我的小汽车是有翅膀的，它可以在天上飞！"

妈妈忍不住笑出了声，对小雨说："小汽车怎么可能长翅膀，还在天上飞呢？小汽车是在地上跑的，而且你还给小汽车画了5

个轮子,你见过5个轮子的小汽车吗?来,妈妈教你,小汽车应该这样画才对……"

小雨听了妈妈的话以后,原本得意的、兴奋的表情立刻消失了,他直接扔了画笔跑回自己的房间玩去了。从那以后,小雨就不愿意再画画了。

很显然,例子中妈妈对小雨的指导让孩子失去了对绘画的兴趣,要知道孩子的绘画并不是大人意义上的绘画,这只是孩子的一种表达方式,就和说话是一样的。但是许多父母在看到孩子开始拿起笔乱画的时候,就认为孩子很有可能具有绘画的天赋,所以在看到孩子能画出一些有模有样的作品时,就会觉得孩子未来一定是画家。于是,父母就开始不断要求孩子,甚至把孩子送到美术培训班,只要孩子的绘画作品中出现一点儿有违大人理解的事物,父母就会马上纠正孩子,这样做是不对的。孩子绘画能力的发展是有一定过程的,父母这种拔苗助长的方式对孩子并没有什么好处,反而会让孩子提前结束绘画敏感期,对绘画失去兴趣。

父母应该正确看待孩子的这一敏感期,在这个阶段不要给孩子太多的干涉,让孩子通过自己的绘画方式去表达自己的感觉和想法。因为在这个过程中,孩子会通过色彩、线条等来表现自己的内心世界,并且还会极有成就感,这对孩子来说是一种愉快的成长经历。

第四章
音乐敏感期
——孩子天然的语言表达形式

○ 解读孩子的音乐敏感期

音乐敏感期和绘画敏感期十分相似,也是一个呈螺旋状态发展的敏感期,孩子大约在4岁时会进入音乐敏感期。在这个敏感期中,孩子等待或者寻找特别的音乐环境、跟音乐亲近,发展潜在的音乐天赋。

人天生就有音乐的潜能,每当音乐响起的时候,孩子的身体就会自然产生一种反应,这种反应对平淡的曲调并不敏感,能对他们产生比较强烈刺激的是变换的节奏,因此节奏训练是很多早期音乐教育中较为重要的任务。

当音乐敏感期到来的时候,孩子在感受音乐刺激时,接受能力特别强。父母如果抓住这样的机会让孩子学习音乐,孩子会因为学习得特别轻松而获得特别好的效果,并且容易对音乐产生兴趣。

伴随着孩子的成长,孩子不仅使用听觉去感觉音乐,同时还会用整个身体的肌肉和心灵去感觉,只有身心两个方面真正投入

发展孩子的音乐才艺

在孩子音乐敏感期,家长应该做到如下几点:

1 给孩子简单有效的支持

给孩子准备一些能出声的玩具,或者在孩子听歌、唱歌的时候不嫌孩子吵等,都是对孩子的支持。

2 鼓励孩子进行表演

孩子的表演可能并不完美,但是父母的鼓励会让孩子充满信心。

3 在尊重孩子意愿的情况下报辅导班

音乐天赋的培养当然是通过专业的培训更好一些,但是给孩子报班一定要和孩子商量,不能强迫孩子。

音乐中的时候，孩子的心里才会觉得音乐带给他的感受都是真实的、生动的，由此产生的动作才是充满生命的运动。孩子在成长过程中，通过感觉认知音乐，形成最初的音乐概念，其间还穿插孩子自发性的创造活动，而这一切都源于孩子对音乐的渴求。

4岁的平平吃完晚饭后，在房间里玩，爸爸打开电脑，一边玩游戏，一边放着歌在听。不一会儿，平平就冲着爸爸喊："爸爸，不听这个，放一个《小苹果》听。"当《小苹果》的节奏响起来的时候，平平就跟着唱了起来，一边唱还一边跳起舞来。别说，平平的舞蹈都踩在点上呢。

妈妈觉得平平的乐感非常好，就想着好好培养一下孩子。于是就跟爸爸商量了一下，给平平报了一个舞蹈培训班。刚开始，平平特别高兴，每次到了要去培训班的点都会有些等不及，妈妈也乐意看到这样的状况。但是，还没去几次，平平就不愿意去了。想到钱不能白花啊，妈妈就强行把平平送去，但是老师说平平即使去了也不好好学，总是在捣乱。

生活中，有许多人都同例子中的父母一样，因为看到孩子喜欢音乐，就特别希望孩子在音乐方面发展，于是早早地就把孩子送去培训班。这样虽然给孩子提供了良好的学习环境。但是如果孩子在没有兴趣的情况下学习，那么孩子只会有痛苦的感觉，根本没有办法学好。

谈到对音乐的认识，许多父母习惯性地会想到歌唱家、音乐家。其实，音乐是6岁以下孩子内在心理建设的一个方面，孩子最终的音乐成就不但取决于孩子受到了怎样的外在刺激，还取决于孩子有着怎样独特的天赋。

心理学家加德纳把人的智能结构分为8种，音乐智能就是其中的一种，具有音乐智能的人更容易在音乐方面有所成就，但是在4岁左右，孩子对于音乐的热爱，只是心理构建中的一个部分，与音乐智能并不是等同的意义。

值得注意的是，孩子在音乐敏感期时确实最容易接受外界的音乐刺激。父母如果抓住这个时间段，对孩子的音乐发展确实至关重要。音乐作为一种表达心理感受的语言，不仅可以提高孩子感受和体验情感的能力，还能陶冶情操，提高孩子的文化修养。所以，让孩子这个具有艺术天性的群体用自己独特的视角和感受，用艺术的方式和思维，表达他们对眼中世界的真实感受，以及耐心地观察和接受孩子自然的天性，才是父母培养孩子的最为适宜的方法。

○ 为孩子创造良好的音乐环境

音乐敏感期的孩子所期待的外界刺激，是需要构建一个良好的音乐环境。比如，妈妈在家里喜欢哼歌或者家里经常播放某首歌曲，孩子就能很容易哼唱出来，而且是不经意间就能唱出来。但是如果孩子没有机会处在一首歌的环境中，那么是不能在不经意间唱出来的。

有一个好的音乐环境很不容易,这个环境包括音乐本身、音乐设备以及共同感受音乐的人。许多家长会逼着孩子学各种乐器,孩子对此感到无比痛苦。但是如果在孩子的音乐敏感期到来时,顺其自然地发掘孩子的音乐天赋,他们可能不用家长逼,自己就会去练习。即便是孩子在后来并没有学什么乐器,但是如果

悉心呵护孩子对于音乐的兴趣

1 不要用成人的眼光去评价和打击孩子

无论孩子的歌声怎样,父母都应该给予他鼓励,让他尽情发挥音乐天分。

2 不要强迫孩子去学习音乐

孩子对音乐感兴趣,并不是说他必须要在这个方面有所发展。因此,父母不要强迫孩子学习声乐或者器乐。

父母应尽量使处于这个时期的孩子拥有学习和了解音乐的机会,这将会让孩子产生良好的乐感,并且还能培养孩子的音乐欣赏水平,这对孩子来说是一笔非常宝贵的财富。

孩子具备了乐感和鉴赏能力，比起那些把拉琴当成痛苦的孩子来说，他们对音乐的感觉也会好很多。

蓉蓉的音乐敏感期是在 4 岁时出现的。那时候，妈妈每天去幼儿园接蓉蓉的时候，她总是会拉着妈妈的手到幼儿园的二楼，因为琴房在二楼。蓉蓉一边走一边对妈妈说："妈妈，我们上去弹琴吧！"有时候，蓉蓉一句话也不说，拉着妈妈就上去，妈妈知道蓉蓉一定是想上去弹钢琴。那段时间，蓉蓉几乎天天都要去弹琴，所以母女两个常常是天黑了之后才会回家。

那段时间里，蓉蓉学会了弹好多首简单的曲子，没有老师的现场指导，妈妈也不会弹钢琴，只是在一边静静地听着。蓉蓉根据老师在上课时讲过的知识，自己反复练习，慢慢就学会了弹。家里并没有买钢琴，蓉蓉就把老师的教科书借回家，把家里的暖气片当作钢琴，摆上乐谱，煞有介事地一边谈一边唱，一弹就是几十分钟。

这种情况持续了近 3 个月。后来，蓉蓉虽然不像那段时间那样天天去弹琴，但是这 3 个月的时间为她以后的音乐学习打下了坚实的基础。

音乐以其优美的旋律、跳跃的音符征服了许多人的心。孩子也是一样，在4岁左右，孩子会随着音乐起舞，会对各种乐器产生浓厚的兴趣，会不自觉地跟着乐声哼唱曲调……很多时候，孩子都会用他对音乐的热情回应，告诉父母：我的音乐敏感期到来了！我需要音乐！在这样的情况下，父母如果顺应孩子的意愿，满足孩子的心理需求，及时让孩子接触音乐，孩子的音乐天赋就有可能被很好地开发出来。如若父母引导得当，孩子在音乐方面也许会有很好的发展。

  值得注意的是，这段时间需要父母的悉心呵护、谨慎对待，而不是逼着孩子往父母想要的方向发展，这样才不会让孩子学习音乐的积极性受到不良影响，才不会使孩子的音乐天赋迅速消失。父母可以在这段时间里，为孩子提供一个良好的充满音乐的生活环境，让孩子在环境的熏陶下使天赋得到自然发挥。

第五篇

5至6岁，
让孩子在敏感期自由成长

第一章
书写与阅读敏感期
——对文字符号产生兴趣

○ 解读孩子的书写与阅读敏感期

孩子在5岁左右，文字、书写、符号（拼音）、阅读等方面都进入迅速发展的敏感期。孩子开始对书写和阅读等认识符号文字的事情非常感兴趣，这个时期的孩子对书本会有一种特殊的感情，他们常常会乐此不疲地阅读或者书写。

对于任何人来说，阅读都是让人受益一生的好习惯。而孩子的这种好习惯的养成往往要追溯到童年时期：在童年时期，他们对书本的认识是怎样的；在童年时期，他们对书本的兴趣是否很好地被延续了下来……如果孩子在小时候遇到不明白的问题，父母能够引导孩子向书本求助，这就在无形中向孩子传达了这样的观念：书本是神圣的，它能帮助我们解决很多问题。

另外，书写敏感期与阅读敏感期是一样的，在这个敏感期，孩子会乐此不疲地书写。当然，在很多时候，孩子所写的内容常常不规范，可能除了他本人，别人都不知道他究竟写了什么。但是，这个时候父母的鼓励和欣赏是使孩子的书写兴趣能够延续下去的动力。

小志快 5 岁了，他现在拿着本子不再是用彩笔在上面画画了，而是学着书本或者根据自己的想象开始书写文字。刚开始，写得不太好，即使照着挂图上的拼音，也不能书写规范。不过没几天，妈妈就可以大概看出他写的是什么了。

阅读敏感期的两个阶段

一般孩子在五六岁会进入阅读敏感期，这个时期可以分为两个阶段：

> 妈妈，妈妈，给我读故事吧！

1 他人阅读阶段

孩子在3岁左右，由于不认识字，没有熟练掌握语言，他们会要求大人读书给他们听。

2 自己阅读阶段

这就是通常说的阅读敏感期，在孩子五六岁时，认识了一定的文字，已经可以阅读简单的图画书了。

家长一定不要小看孩子的阅读敏感期，孩子长大以后对于阅读的态度以及对于图书的看法，往往就是在这一时期开始形成的。

妈妈觉得孩子到了该学习的时候了，而且小志最近又很爱写字，于是妈妈就找了一些小学一年级的简单的汉字让小志学着写。想着这样可以让小志提前学会一些小学的内容，这样在升入小学之后应该会学得好一点儿，至少可以比那些没有学习过的孩子优秀。刚开始，小志的积极性非常高，往往一天就能写会好几个汉字。但是，他就像是在画画一样，并不是记住了这个字读什么，是什么意思，只是在书写的过程中得到了心理的满足。

只要小志写得不规范，妈妈就会罚小志写10遍，甚至更多，这让小志对写字产生了畏惧的心理，常常趁妈妈不注意就跑出去玩。妈妈就到外面把小志带回来，非让他完成任务，经常惹得小志大哭，而小志对书写也彻底失去了兴趣。

许多父母会像例子中小志的妈妈一样，由于望子成龙，希望孩子将来考上大学有出息，还希望自己的儿子比别人更加优秀，于是就让孩子在这个年龄段开始学习。

当然，如果孩子愿意学习自然好，但是父母要了解孩子这个时期的心理：孩子在这个阶段对符号（或文字）感兴趣，就像是其他的敏感期一样，只是对敏感对象感兴趣而已，文字是他们认知世界的一个客观对象，他们并不是对学习文字感兴趣，而仅仅是对文字本身感兴趣。所以，父母这时要了解孩子的这种心理，不要强迫孩子去学习识字。

更重要的是，父母需要知道，通过创造自我而建立强大的人格力量和心理力量，是0至6岁孩子成长的主旋律。错过了这个时期，也许这一辈子都无法弥补。当孩子自然发展到该学习与认字的阶段时，孩子会轻松愉悦地学得更好。如果没有抓住孩子的这一敏感期，父母会付出捡了芝麻丢了西瓜的代价。

○ 没人看得懂的文字

孩子在书写敏感期会迷恋上写字，常常一个人坐在书桌前，一写就是半天，有时还会兴奋地向别人炫耀自己写的字。但是，在这个时期，孩子的书写就是乱画，他们会不停地写呀画呀，但是没有人能看得懂他们究竟写了什么。

在书写敏感期，孩子笔下的一个小黑点或者几条线，就可以是一个汉字，大人看来可能没有任何意义，但是孩子却能讲得头头是道。

许多父母看到孩子的字以后，可能感觉比甲骨文还要难以辨别。但是，作为父母，应该了解孩子的心理，在这个时期，书写只不过是孩子表达心理的一种方式而已，并不是我们大人意义上的书写。但是，也不能因此小看孩子的书写敏感期，因为在这个时期，孩子对文字的兴趣，如果可以保留并延续的话，会对孩子以后的学习生活产生非常积极的影响。因此，在孩子进入书写敏感期以后，父母要尽量满足孩子心理表达的需求，对于孩子的书写保持鼓励和欣赏的心态，让孩子尽情书写。

帮孩子顺利度过书写敏感期

孩子到了五六岁时，基本都会对书写非常感兴趣。虽然他们还写不好，但是父母也不能因此就不让孩子书写，而是要帮助孩子顺利度过这个敏感期。

> 看看，这是妈妈新给你买的笔！

> 哇！太好了！我又可以写字了！

> 我们比赛看看谁写得最多！

1 鼓励孩子的书写行为

父母的鼓励和欣赏，会让孩子更加喜欢书写，从而增加书写的兴趣，这将有助于孩子以后的学习。

2 和孩子一起书写

和孩子一起写写画画，不仅可以让孩子感受到父母的支持，还可以增进亲子关系。

> 妈妈，看看我写的是什么？

> 写这么多啊？妈妈都不认识了，你可以讲给妈妈听吗？

3 不要否定和揭穿孩子

孩子写的字可能只是乱写，根本认不出，但是在孩子问的时候，父母尽量不要揭穿孩子，要保护好孩子的自尊。

英才5岁半了,最近,他从幼儿园回家之后,既不出去找小伙伴玩了,也不跟在妈妈身后要彩笔画画了,而是拿着笔趴在茶几上写写画画很长时间。"他该不会是喜欢上素描了吧?"妈妈产生了这样的想法,但是想到孩子才这么小,应该不会。于是,妈妈就走到英才跟前,看看他究竟在干什么。

看到妈妈走了过来,英才兴奋地拿着本子给妈妈看:"妈妈,你快看看我写的字漂亮吗?"原来是在写字!不过,孩子写的字真的是比甲骨文还难懂呢,就那么几个线条,还有几个圆圈,实在看不懂他写的是什么,可是妈妈担心自己说看不懂会打击孩子的自尊心。于是,妈妈就对英才说:"哎呀,写得这么好呀,你可以给妈妈说说你写的是什么吗?"英才并没有多想就开始给妈妈讲了起来:"妈妈,你看看这个,这个是老K,这个是8,还有这个是小鸭嘎嘎的那个2……"因为英才非常喜欢看大人打牌,因此写的字是关于扑克牌的。

虽然妈妈并没有看出来,但还是很认真地听英才在讲解。

任何事情的发展都是有规律的,孩子的心理是逐渐成熟的。父母会发现,随着年龄的增长,孩子书写的内容逐渐有了实际意义。可能刚开始的时候只是简单的阿拉伯数字,或者"a""o""e"等简单的汉语拼音,但是用不了多久,孩子就可以写一些简单的汉字了。

现实生活中，许多父母对于孩子的发展过于心急，不能遵循孩子自身的发展规律。当孩子刚开始乱画乱写的时候，就不能心平气和地接受，因此常常干涉孩子的行为。许多孩子在写完之后会开心地问父母："你看看我写的是什么？"很显然，孩子觉得阅读他的文字的人能够看懂他写的是什么，但是父母往往看不懂，因此许多父母就会开始教育孩子，说孩子是乱写，然后会教给孩子正确的应该怎样写。可是这样会打击孩子的积极性，很可能会让孩子对书写失去兴趣。

父母如果想要引导孩子更好地书写，其实不必采用一笔一画教孩子的方法，而是给孩子做好书写习惯的示范，并创造学习的氛围。也就是说，在日常生活中，父母可以有意识地经常用笔写写算算。因为从前面的内容中我们也知道，孩子会模仿父母的行为，因此孩子就会学着写字。

○ 孩子爱上了阅读

许多父母都会发现，带孩子出去玩的时候，孩子突然开始对广告牌、公交车上的广告，或者站点、街道两边店铺名称等一切有字的地方非常感兴趣。一路上，孩子不停地会问"妈妈，这个是什么字呀？""爸爸，那个读什么呀？"等。如果父母耐心地告诉孩子，并重复几遍，很快孩子就能记住，当在其他地方再看见这个字的时候，孩子就会读出来。这个过程一般发生在孩子5岁左右，这个阶段的孩子非常乐于识字。这个时候的孩子就是对

给孩子创造良好的阅读环境

阅读需要有一定的阅读环境,因为孩子的注意力还不能像大人一样集中。因此,父母要给孩子创造一个良好的阅读环境。

第一,要有符合孩子年龄特征的书桌和凳子。并且光线充足,空气要流通。

第二,给孩子提供安静的环境,不要在孩子读书的时候大声地看电视。

第三,要有适合孩子阅读的书,并有适合孩子拿书、放书的地方。

文字着迷,对此,父母要尽量满足孩子的心理需求,满足他们识字的欲望。

在孩子积累的文字越来越多的时候,孩子就不再局限于广告牌了,而是开始对阅读书本感兴趣,于是,孩子就进入了阅读敏感期。在进入阅读敏感期之后，孩子对阅读的兴趣会变得非常强烈。在这之前，也就是在3岁左右，孩子由于不认识字，常常会缠着父母给自己读故事书，但是在孩子5岁多，由于自己已经认识了一些字，他们开始尝试自己阅读，并对此十分感兴趣，他们常常拿到书本就阅读，就算是一些宣传的纸张，他们也会拿起来读一下。当然，孩子还不能全部认识，很多字还是不会读的，但这丝毫没有影响他们阅读的热情。

　　曼曼还不到5岁，就对识字充满了兴趣。每次妈妈带着曼曼出去玩的时候，曼曼就对广告牌上的字非常好奇，看到一个就问一个。妈妈知道孩子在小时候都会对此好奇，许多孩子在3岁多就开始想要认字了，曼曼已经晚了一点儿，所以妈妈每次都会耐心地回答"这个是'爆'，火爆招募中……""这个是'暑假'，暑假来袭"。妈妈在说的时候，曼曼都会认真地听，还会跟着妈妈念。曼曼边走边念，十分认真，等一条街走完，这个字就认识了。

　　每天晚上，妈妈都会给曼曼读故事书，妈妈买的故事书上的字非常少，每一页都有一幅画，配上一两行文字，文字都是非常简单的话。以前都是曼曼和妈妈一起看书，妈妈读文字，曼曼就看着图画听妈妈读。但是最近，她一听妈妈读就着急地抢过书，说道："我来读，我来读，我给你讲故事。"于是，曼曼伸着小手指着文字，一个一个地读起来，不认识的字就说"什么"，妈妈就会教给她。就这样读了几天，一本故事书里的3

个小故事,她都能自己读下来了!

当然,孩子想要自主阅读的话,就一定要认识字。所有的孩子都会有一个对识字特别感兴趣的时期,在这个时期,父母要满足孩子对于识字的心理需求。比如孩子在街上走的时候,他会看到什么就读什么,遇到不认识的字就会问父母,总是走一路问一路。对此,父母不要觉得厌烦,应该耐心地回答孩子的每一个问题,最好是重复几遍,或者给孩子多组几个词,加深孩子的印象,这样,孩子下次遇到这个字的时候,就可以轻而易举地读出来了。这就是在满足孩子的识字的心理需求。

刚开始,孩子会让父母给自己读,父母可以声情并茂地给孩子读,引起孩子想要阅读的兴趣。读到孩子感兴趣的地方时,可以停下来,和孩子一起看看书,并问几个问题,让孩子学会思考。等孩子认识的字达到一定程度时,孩子自己就会喜欢上阅读,这个时候,父母就可以有意识地帮助孩子养成良好的阅读习惯。当然,给孩子阅读的书籍一定要符合孩子的年龄特征,不要太难,最好是图文并茂,这样才能吸引孩子的注意力,从而提升孩子的阅读兴趣。

不可否认,阅读对于任何一个孩子来说,都是有益无害的。有句古语说"开卷有益",说的就是这个道理。所以,当父母发现孩子对阅读感兴趣的时候,一定要悉心保护孩子的这一兴趣,让阅读充实孩子的心灵、增加孩子的知识。

引导孩子的阅读兴趣

阅读可以增加孩子的知识,但是有的孩子并不喜欢阅读。那么,父母该如何引导孩子的阅读兴趣呢?

1 满足孩子的识字需求

可以在家具、生活用品、学习用品上贴上标有它们名称的纸条,这样孩子就会逐渐认识这些字了。

2 培养孩子的阅读习惯

帮助孩子养成阅读的习惯,最好的办法就是给孩子读故事,然后引导孩子逐渐自主阅读。

3 让孩子尽早接触书籍

阅读敏感期不是自动自发出现的,需要一定的刺激。因此,父母可以在孩子小的时候有意识地给他们提供一些书籍。

第二章
数学敏感期
——对数的序列以及概念之间的关系产生兴趣

○ 解读孩子的数学敏感期

心理学家认为,孩子数学概念的发展,通常是由口头数数开始的,然后是点实物数,最后才是根据抽象的语言去拿取相等的实物。数字对开发孩子的智力有着至关重要的作用,也是培养孩子逻辑思维的开端。

孩子在出生以后,在与物质世界经过充分的接触之后,智力会自然而然地上升一个状态,开始对抽象的符号产生兴趣。于是,孩子开始进入数学的敏感期。数学敏感期是孩子开始接触数学这一抽象内容的时期,这一时期一般是在孩子五六岁的时候到来。

小杰刚刚上幼儿园小班,妈妈觉得已经开始上学了就不能天天玩了,应该学习一些知识。于是,妈妈买来了两个挂图,一个是拼音的挂图,一个是数字的挂图,没事的时候就会让小杰来认识拼音或者数字。

挂图上有图画,刚开始,小杰对挂图十分感兴趣,但是才学了几天,就觉得没意思了。小杰放学后,回家洗手、喝水后,

帮助孩子建立数的概念

数字对开发孩子的智力有着至关重要的作用,也是培养孩子逻辑思维的开端。因此,父母可以在生活中利用实物对孩子进行数学教育,让孩子建立数字概念。

一个台阶,两个台阶,三个台阶……

你拍三,我拍三,宝贝现在转3圈……

在给孩子饼干的时候,一块一块地给他(或她),要告诉孩子"一块、两块……"然后让孩子数数一共多少块,或者数台阶、数水果等。

给孩子编一些带数字的儿歌,并辅以动作,比如拍手歌等。

请问老板,这个车多少钱?

这个卖5块钱。

对于年龄大一点的孩子,父母可以和他们玩"开商店"的游戏,让孩子当店主,父母来买东西。通过对价格的运算,孩子就会逐渐学会简单的数字代表的意义,并学会简单的加减法。

就想着跑出去和小伙伴们玩。但是，妈妈非让小杰学 15 分钟之后才能出去，而且还要检查学习的结果。于是，小杰只好硬着头皮去学习了。

这样的学习效果并不好，小杰往往当下记住了，但是没几天就忘了，只好再学一遍。就这样，经过一个多月的学习，小杰终于学会了挂图上的数字。可是，当妈妈问他："3 个苹果和 5 个苹果哪一个多？"小杰一会儿说 3 个，一会儿说 5 个，根本就不知道这两个数字到底哪一个更大一些。

从心理学的角度来看，小孩子出于生存的需要，他的主观意识中会去做一些讨好抚养人的事情。因此，有些小孩子表现出喜欢学，是因为他发现，如果能记住这些东西，爸爸妈妈就会高兴。所以在表面上，孩子似乎喜欢学，其实，是孩子压抑了自身的需要，去迎合父母的期望。很显然，这对孩子的发展是没有好处的。因此，父母完全不必强迫孩子提早进行学习。到了数学的敏感期，孩子自然会对这些抽象的符号感兴趣，而且这个时候，孩子学习得更快，并能真正理解和吸收，做到永久性记忆。

○ 学习数学要循序渐进

心理学家研究发现，孩子的敏感期是在自然客观的条件下，给予大量的观察和实践得出来的。自然发展的过程是不能逾越的，虽然每个孩子存在个体差异，进入敏感期的时间也会有所差别,但是不能通过人为的手段将敏感期提前。

当然,即使孩子进入了数学敏感期,孩子的学习过程也是有一定顺序和规律的,并不是一蹴而就的。因此,父母仍旧不能急于求成,而是要根据孩子的实际特点,循序渐进,慢慢地让孩子尽可能自然地发展。

菲菲已经6岁了,马上就要上小学了,但是,一直到现在,她对数学一点儿也不感兴趣,连最基本的加减法都不会。跟菲菲同龄的孩子都已经可以自己数到100了,有的都会两位数的加减法了。但是菲菲就是不爱学,其他的,比如说成语或者英语单词,只要一教就会,可是数学却怎么也不肯学。

妈妈很担心这会在菲菲上小学以后影响她的数学学习,就动员全家来教菲菲学习数学。即便在给菲菲买水果的时候,也会让她学一下简单的加减法。但是,大家的努力都没有收到什么成效,因为菲菲完全不感兴趣。

无奈之下,妈妈开始逼着菲菲学习。她买来一些教具,让菲菲练习,完不成任务就不让菲菲吃饭。菲菲虽然有些委屈,倒是也真的开始学习简单的计算了,可是常常是今天会了,过两天又忘了,根本就不上心。妈妈要是管得严一些,菲菲就会哭闹,怎么也不学了。之前还会嘻嘻哈哈跟妈妈玩数字游戏的菲菲,现在只要看到数字就会犯愁。

教孩子学数学的三个阶段

许多家长都对孩子的学习报以急于求成的理念,尤其是孩子被别的孩子超越了,更是会心急如焚。其实任何学习都应遵循规律循序渐进,对于数学,家长可以参考下面三个阶段来教孩子学习数学。

1 数名

就是先教孩子从1,2,3…数起。

2 数字

让孩子能够具体地写出具体的数字。

3 数量

经过前两个阶段之后,孩子就会对数量产生兴趣,这时父母就可以教孩子一些生活中的数量了。

> 当孩子把数名、数字和数量合为一体的时候,孩子才真正地走向了数学。

其实，父母不必担心孩子数学敏感期出现得晚会影响孩子以后的数学学习。孩子的数学敏感期相差一两年都是非常正常的。数学敏感期出现得晚，并不意味着孩子数学能力发展的速度就一定慢。因为这个时期他们已经具备了一定的逻辑思维能力，所以孩子很快就会过渡到探索那些较难题目的方面去。

每个孩子的成长都是有其内在规律的，父母只有遵循这些规律，孩子才会健康快乐地成长。所以，当孩子的数学敏感期迟迟未出现的时候，父母也不要强迫孩子，而是要耐心等待，等待孩子敏感期的到来。

○ 学习数学的误区

心理学家研究发现，0至6岁孩子的思维是非常具体和直观的，随着年龄的增长，会逐渐过渡到抽象思维。因此，在孩子五六岁的时候，父母就会发现孩子可以从1数到100，也可以再从100数回1，但是，他却分不清楚3和7谁大谁小。但是，当把3个苹果和7个苹果放在一起对比的时候，他立刻就会知道7个苹果更多。

所以，在教孩子数学的时候，父母首先要弄清楚，在这个年龄段的孩子，他们的思维是什么样的，有什么特点，避免在教孩子学习的时候走入误区，耽误孩子学习。对于孩子的数学学习，常见的教育误区有以下三种：

其一，观念上的误区：觉得学习数学是上小学以后的事经过大量心理学研究发现，孩子在5岁前后会进入数学敏感期。在这个敏感期，孩子对数字的概念、数量关系、排列顺序、数学运算、空间概念等会突然产生极大的兴趣，并对这些变化有着强烈的求知欲，在这个时期，对孩子进行数学教育会有事半功倍的效果。而错过了数学敏感期，有的人一生都不会再对数学产生这样大的兴趣，有的孩子甚至一提数学就头疼。心理学家发现，一个孩子对数学的态度，无论是喜欢还是讨厌或者是恐惧，大多数是在儿童时期造形成的。

程程还在读幼儿园的时候，有一阵子突然迷恋上了数学，见到什么都会数一数。程程在广场上看到很多人在跳广场舞，他就站在一边伸着手指一个一个地数，数完之后就会兴奋地对妈妈说："妈妈，你猜猜有几个人在跳舞？"妈妈当然没有数过，就说不知道。这时，程程就会自豪地对妈妈说："一共有29个人，有29个，你知道吧？还没有30个呢。"

程程除了乐于数数之外，还喜欢计算，经常跟在爸爸妈妈身后，问几加几等于多少。可是，爸爸妈妈都很忙，而且觉得这么小的孩子不学也没关系，等上了小学之后，老师都会教的。于是，在程程不停地提问时，他们就会不耐烦，让程程到一边玩去。如果程程不听话，爸爸妈妈有时气急了，还会打两下他的屁股。没过多久，程程就不再喜欢数数了，也不再问一些计算的问题了。

生活中如何教孩子学数学

当孩子处于数学敏感期时，父母要抓住机会培养孩子对数学的兴趣。因此，父母可以参照以下两种方法，让孩子爱上学数学。

1 巧选操作材料，指导孩子操作

父母可以给孩子提供多样性、多层次、多功能的活动材料，并保证孩子动手操作、主动探索的时间。

2 利用生活中的数学，激发孩子的内在学习动机

父母可以引导孩子主动学习，并提出问题让孩子进行思考、讨论、实践等，感受学习的趣味。

等程程上了小学之后，无论怎么学，数学都学不好。对于语文知识一学就会，但是数学题总是做不对。而且程程也不喜欢数学，老师说程程上数学课时，总是调皮捣蛋，不认真听讲。

很明显，程程之所以不愿意学数学，与先前处于数学敏感期时父母的态度有很大关系，父母的训斥让程程对数学产生了恐惧感，使得他对学习数学失去了兴趣，即使上学之后付出再多的努力，也达不到好的效果了。

其二，内容上的误区：算术就是数学

许多父母只要一提起数学，就认为数学是数字的加减乘除的计算。其实，数学所包含的内容非常广，并不是只有计算。如果只是教给孩子数学运算，孩子的思想就会被禁锢，而且会影响孩子其他方面的发展，反而不利于孩子将来在数学方面的发展。孩子学习的数学内容应该包括：理解数的概念、几何形体、空间关系和时间关系、数学操作技术等方面，缺一不可。这样多方面的教学，可以在发展孩子逻辑思维的同时，也会发展孩子的观察力、注意力、记忆力和空间想象能力等。

其三，方法上的误区：死记硬背

许多父母在自己学习数学时是采用死记硬背的方法和机械的训练，记住公式，认为只要把公式记在脑子里就可以了。当然，这种方法在短时间内就可以看到成果，孩子会记住一些公式，套进去就可以用。但是，孩子的思维并没有发生改变，也就没有让孩子得到实质性的发展。

儿童心理学家玛利亚·蒙台梭利认为，人类的学习过程是由简单到复杂、由具体到抽象的。所以，在面对数学这种抽象的知识时，唯一让孩子觉得容易的学习方法，就只有从具体、简单的实物开始进行感官训练，进一步让孩子借实物完成从"量"的实际体验到"数"的抽象认知。

第三章
社会规则敏感期
——懂得共同建立和遵守规则

○ 解读孩子的社会规则敏感期

根据心理学家皮亚杰的观点，0至5岁的孩子极少对规则表现出关心或者注意。这个阶段的孩子还没有意识到规则的存在，因此，道德规则也没有建立。皮亚杰将这个阶段称之为前道德阶段。

从5岁开始，孩子就会进入他律道德阶段。这个阶段的孩子具有很强的规则意识，他们逐步认识到规则是由权威人物制定的，并把这些规则看作神圣不可侵犯的。

妞妞是个特别懂规矩的小女孩，举手投足都能顾及别人的感受。由于妞妞的家是住在楼上的，因此，从小妈妈就一直告诉妞妞，不能在房间里使劲蹦跳，也不能拉着小凳子随便在房间里跑，因为这样会发出很大的声音，会打扰到楼下的人。因此，每次拿东西的时候，妞妞都是轻拿轻放，走路的时候也是轻轻的，就怕打扰到楼下的人。

有一次，妈妈提了一桶矿泉水上楼，到房间之后，由于太累了，实在没有力气慢慢放下，于是在放下的时候发出了很大的声响。这声响被妞妞听到了，她开始"教育"妈妈："妈妈，

如何培养孩子的规则意识

虽然五六岁的孩子已经有了一定的规则意识，但是有些规则即使和孩子讲过了，孩子还是不记得。因此，父母要多引导孩子，逐渐培养孩子的规则意识。

1 制定规则时和孩子一起商量

让孩子感受到被尊重和规则的重要性，那么孩子的主人翁意识就会树立，对于规则就不会排斥而是拥护了。

2 制定规则的注意事项

内容明确，让孩子弄清楚他需要做什么，不这样做的后果又是什么。

规则制定好之后，父母也要尽量遵守，否则孩子会觉得规则只是约束自己的，会产生不满。

你真的是太大声了，吵到楼下的阿姨可怎么办呢？以后你要注意！"完全是一副大人的口吻。妈妈配合着妞妞说："真是不好意思，我以后一定注意！"妞妞这才没有继续"追究"。

妞妞的这种行为，就是她自我意识发展的一种表现，也是她心理成长的一种标志。她自己会遵守规则，但是也会要求其他人都遵守。比如，当妈妈没有遵守妞妞所认为的规则时，就会遭到妞妞的"教育"。其实，在孩子的这一时期，父母要尽量尊重孩子的成长规律，否则，孩子的社会规则敏感期很有可能会稍纵即逝。

因此，当孩子处于社会规则敏感期的时候，父母要尽量给孩子自由，并配合孩子遵守规则，这样才能促使孩子健康快乐地成长。当然，任何探索都不可能是一帆风顺的，在给孩子自由的同时，如果孩子遇到了困难，父母就要及时给予孩子鼓励，并帮助、引导孩子顺利度过社会规则敏感期。

○ 破坏规则会让孩子非常痛苦

孩子到了5岁左右，就开始对规则的建立和遵守显得格外注意，因为这一阶段的孩子正处于社会规则敏感期。按照心理学家皮亚杰对儿童道德认知理论的划分，5岁左右的孩子正处于他律道德阶段或者说是道德实在论阶段。皮亚杰认为，这个阶段还是比较低级的道德思维阶段，这个阶段的孩子会单方面地尊重权威，有一种遵守成人标准和服从成人规则的义务感。孩子认为服从权威就是"好",不听话就是"坏"。而且他们将这一规则看作固定的、不可变更的。

另外,在这一时期,孩子看待行为有绝对化的倾向,在评定行为是非时,总是抱极端的态度,或者完全正确,或者完全错误,还以为别人也这样看,不能把自己置于别人的位置看问题。

因此,对于一些既定的规则,孩子会坚决遵守,如果有人不遵守这个规则,或者是破坏了原先的规则,孩子就会觉得非常痛苦。在成年人看来,这个时期的孩子对于规则有一种近乎执拗的态度。

5岁的丹丹和巧巧是一对好朋友,两个人的年龄也差不多,她们经常在一起玩。

有一次,两个人在小区的空地上玩。巧巧的手里拿着一个穿着粉红色衣服的芭比娃娃。丹丹也觉得芭比娃娃很漂亮、很喜欢。巧巧看到丹丹的眼睛一直盯着自己的芭比娃娃,就对丹丹说:"你要是给我唱一遍《数鸭歌》,我就把芭比娃娃送给你,好吗?"丹丹一听非常开心,因为她很想要那个芭比娃娃,于是就开始卖力地唱了起来。

但是等丹丹唱完之后,巧巧又反悔了,她抓紧芭比娃娃,小声对丹丹说:"我不能给你,这是我妈妈刚买的。"丹丹听后十分激动,连眼眶都湿了,大声对巧巧说:"可是你说的,我给你唱了你就给我的!"但是巧巧依然抓着芭比娃娃不放,

尊重孩子在规则中的权利

孩子处于规则敏感期时，就会对任何事情都讲究规则，而且十分看重公平，把自己的权利看得非常重要。父母可以通过以下方法正确引导这一时期的孩子：

好了，知道了，一会儿就买！

妈妈，你说过我自己吃饭你就给我买糖吃的！

1 真正尊重孩子的权利

不要对孩子追求自己的权利表现出不屑，甚至敷衍的态度，正确引导孩子明白权利是他必须要维护的。

2 允许孩子玩有输赢的游戏

有输赢的游戏就会有规则，就要求参加的人都要遵守，并且，可以由此锻炼孩子如何承受结果，并培养其心理素质。

宝贝，你先点菜吧！

3 给孩子公平的待遇

这个时期追求公平是孩子的心理需求，父母要尽量主动维护孩子的权利，给孩子公平的待遇。

在趁丹丹揉眼睛的时候，巧巧转身跑掉了。

丹丹回到家，十分伤心地跟妈妈说："巧巧说话不算数，我以后不跟她玩了……"以前丹丹从来不会如此在乎这样的事情，而且那个芭比娃娃本来就不是丹丹的，可是，现在丹丹却十分在意，妈妈只好不断地安慰伤心的丹丹。

很明显，丹丹之所以会这么痛苦，是因为巧巧没有遵守之前定好的规则。就像例子中的两个孩子一样，这个阶段的孩子在做一件事情前会先建立一些规则，以此来约束每个参与这件事情的人，因为规则会让这个时期的孩子感觉到安全。而且，这个时期的孩子自我意识进一步发展，他们开始懂得要求平等、公正。

因此，当孩子处于这一敏感期的时候，父母要尊重孩子的权利，遵守规则，并通过正确地引导，帮助孩子形成正确的规则意识。

○ 不要强迫孩子做违背规则的事

心理学家皮亚杰认为，孩子对规则的认识存在三个主要的年龄段：

第一个阶段，规则还不是遵守义务的社会规则。孩子常常把自己认定的规则与成人教给的社会规则混在一起。

第二个阶段，规则是以片面的尊重为基础的强制性规则。孩子认为规则是外加的、绝对不能变的东西。例如，年幼的孩子与年龄较大的孩子一起玩时，并不了解为什么要有规则，只是因为年龄较大的孩子强迫他们要遵守。

第三个阶段，规则是彼此商订的、可变的。孩子不再把规则看作神圣不可侵犯的，而认为游戏中最重要的是维护双方对等的原则，具体的规则是孩子自己商订的，因此也是可变的，关键是要使它合理，一旦确定了规则，参加游戏的人就有义务遵守它。

孩子在5岁左右对于规则的认识正处于第二个阶段，他们认为规则是不可改变的，如果有人强迫他们改变规则，孩子就会觉得难以接受，十分痛苦。面对拥有这一规则意识的孩子，如果父母强迫孩子去做一些他们认为不符合规则的事情，很有可能会对孩子的心理造成伤害。

妈妈逛街的时候给5岁的灵灵买了一条短裤，上面印有米老鼠的图案，因为灵灵非常喜欢米老鼠，所以，妈妈觉得她应该会喜欢这条短裤。

一天早晨，妈妈给灵灵穿短裤时，没想到灵灵噘着小嘴说："我是女孩，要穿裙子，男孩才穿短裤呢！"妈妈没想到灵灵还有这样的逻辑，就笑着说："短裤是男孩女孩都可以穿的，你看看小爽姐姐，不是也穿着短裤吗？"可是灵灵一点儿也不让步，生气地大声说："我不穿！我要穿裙子！我要穿裙子！"

妈妈觉得灵灵太不可理喻了，就有些不高兴地说："裙子都洗了，还没有干呢，穿衣服还挑三拣四的，不穿短裤你明天

尊重孩子的规则意识

孩子在社会规则敏感期会有自己的一套处世规则,可能还不成熟,但是父母应该尽量遵守孩子的这一规则,不要随意强迫孩子违背自己的规则。

1 尊重并支持孩子正确的选择

很多事情,孩子会经过自己的考虑做出决定,如果选择正确,父母应该尽量支持孩子。

2 多向孩子灌输好的规则意识

父母可以通过积极的引导,使孩子逐步建立并完善好的规则,这样,孩子就会将执行这些规则变成他自身的需要。

3 父母首先要遵守规则

父母是孩子的榜样,父母良好的行为习惯可以潜移默化地影响孩子,因此,父母首先要遵守规则。

就光着屁股去上学吧!"灵灵更不乐意了,大嚷了一声"我就是不穿"之后,就跑到别的屋子去了。

许多父母都会像灵灵的妈妈一样,觉得孩子对于一些事情过于固执,不懂得变通。有些问题根本就没有那么严重,但是在孩子眼中却像是弥天大错。其实,这就是孩子在社会规则敏感期里的表现,父母应该理解孩子的这些行为与心理,不要用强硬的态度去对待孩子。

因为孩子的心理和成人的心理不同,对于规则的理解也是不同的,在这个阶段,孩子的思维还不能理解规则是可变的。因此,在孩子通过自己的行为来表现自己的规则意识时,许多行为会让父母觉得不可理解。在这个时候,父母不要一味地按照自己的想法去做,或者纠正孩子,更不能强迫孩子放弃他自己的规则来遵守父母的规则,或者让孩子接受父母的思想。父母若是强行让孩子服从的话,会让孩子觉得不公平,从而让孩子受到心理上的伤害,同时也不利于孩子规则意识的发展。如果在这个阶段,强迫孩子打破自身的某些规则,让孩子一定要顺着父母或者其他长辈所说的去做的话,孩子单纯的思想很可能就会变得混乱,对是非的判断也许就会出现偏差。

所以,在孩子处于这一敏感期的时候,父母要尽量尊重孩子的规则意识,尤其是对于孩子来说一些好的规则,父母不仅要遵守,还应该帮助孩子认真遵守。

第四章
文化敏感期
——汲取各种科学文化知识

○ 解读孩子的文化敏感期

在人类的精神产品中,文化属于最灿烂的一颗明珠,这颗明珠当然会引起正在探求外界的孩子的注意。5岁以后的孩子,对文字、算术、科学、艺术会产生极大的兴趣。他们不再像两三岁时那样盲目地问为什么,而是就一个领域的疑惑提出疑问或自己的设想。这一时期,孩子开始有强烈的求知欲和探索欲,观察能力开始增强,创造性思维萌芽,操作能力、自学能力开始形成,阅读能力和学习综合知识的能力开始形成。这些都标志着孩子已经进入了文化敏感期。

幼儿对文化学习的兴趣萌芽于3岁,但是到了6岁则出现探索事物的强烈需求,孩子会对国籍、不同的文化等表现出好奇。因此,这个时期孩子的心智就像一块肥沃的田地,准备接受大量的文化播种。成人可以在这个时候给孩子提供丰富的文化信息,以本土文化为基础,延伸至关心世界文化,比如可以让他涉及风土人情、历史、地理等方面的知识。

应对文化敏感期的措施

教育其实是一种影响、一种熏陶，而家庭教育对孩子的影响是最早的、最重要的，对孩子的熏陶更是时时刻刻的，具有永久性。因此，营造、构建良好的家庭文化氛围就显得尤为重要。

1 文明的环境

文明的行为举止，有助于使人们之间关系融洽、和睦、协调，有助于形成良好的家风，更有助于让孩子从小养成高尚的品德和优秀的行为习惯。

2 积极的人际交往环境

人际交往不仅是为了寻求帮助，更是为了满足精神上的需要。

3 劳动的环境

在可能的范围内，应当让小孩子有劳动的机会发展他做事的能力，父母的工作就是培养孩子自己的劳动习惯，培养孩子独立的能力。

4 健康的舆论环境

正确、积极、健康的家庭舆论能增进家庭幸福，推动子女积极向上。

有一天，5岁半的阳阳突然问幼儿园老师："为什么5加4等于9？"老师以为他不知道加法的概念，赶快拿来9个水果，同时把幼儿园的加号和等于号的教具拿过来，先放了5个水果，中间放上加号，在加号的后边又放上4个水果，然后对阳阳说："你来数一数，加号前面和后面放在一起，一共有几个水果？"阳阳不耐烦地说："我知道等于9，但是为什么那个写着的'5'，加了写着的那个'4'，就等于写着的那个'9'呢？"

老师明白了，他是不理解纸上写的数学式子对实际物体表达的形式。实际的5个物体与实际的4个物体加起来，等于实际的9个物体，可孩子不明白的是，纸上写着的符号怎么能加起来呢？这是一个根本的疑惑。

孩子以前没有注意到实际物体与符号之间的关系，这个发现和疑惑是许多被教出来的孩子不会想到的。只有自然地对人类文化感兴趣，并自由探索的孩子才能发现这些问题。到了这一时期，孩子对学习文字、阅读故事会非常感兴趣。

孩子在敏感期会对敏感对象十分感兴趣，文化敏感期正是父母对孩子进行文化熏陶和艺术培养的绝佳时期。而且，因为孩子年龄的增长、思维的改变，已经开始逐渐理解抽象的事物。所以，在这个时期，孩子的学习能力十分强。

○ 孩子成了"十万个为什么"

孩子在五六岁有一个文化敏感期，在这个时期，孩子学习文化如饥似渴，孩子对物质的基本探索已经不能够满足孩子的精神需求，他们开始转向对人类文化的探索。这是孩子成长的一个规律，孩子在这个时期完全是因为内在的力量让他们对文化的学习有着极大的热情——看见广告牌上的字就问怎么念；喜欢追着爸爸妈妈问：太阳为什么会下山，月亮为什么有时圆有时弯……爸爸妈妈不妨就借这个机会，培养起孩子对科学知识的兴趣来。这样，不但可以培养孩子简单的逻辑思维，也可以培养孩子爱思考、爱学习的好习惯。

好奇心是孩子观察世界、了解世界、懂得世界的媒介，是孩子智力、思维、心理发育的催化剂。而孩子在6岁左右时，不仅对于事物的表象感到好奇，还会有很多深层次的问题。有的父母并不能准确回答孩子的每一个"为什么"，而且孩子的有些问题在大人看来根本就不是正常的问题。因此，许多父母会严厉禁止孩子，虽然这样父母可以避免很多麻烦，但是却会压制孩子的好奇心，扼杀孩子因为好奇而萌发的创造力与探究事物的能力。

凡凡最近就像是一个问题专家一样，每天睁开眼睛就会问："为什么玻璃上会有水珠？是谁把水洒在上面的？"等到洗脸的时候会问："妈妈，为什么洗脸要用温水？我一点儿也不觉

如何应对孩子的好奇心

对孩子来说,世界上所有的事物都是神奇的,于是每天都会有很多"为什么",他们会打破砂锅问到底。对此,父母要耐心给孩子解答,满足孩子的好奇心。

妈妈,它们是在干什么呀?

它们在搬家呢!

不以成人的思维束缚孩子,做个和他(或她)一样的好奇爸妈。

满足孩子的好奇心,不必担心他会损坏东西,而是提供机会,满足孩子的好奇心。

你听听,是不是水不一样多声音就不同呢?

妈妈,真的不一样呢!

因势利导,让孩子在好奇的基础上学到知识。可以采取一些方法帮助孩子动手体验,让他在好奇心的驱使下找到答案,学到知识。

好奇心常常会使孩子做出一些意想不到的事情,甚至有时候会闯出祸来。但也正是好奇心使孩子眼中的世界变得更加丰富多彩,更有朝气。

得凉水凉啊？你为什么说会刺激皮肤？皮肤是什么？为什么会受到刺激？什么是刺激？"凡凡就连吃饭的时候也不会闲着，看到爸爸一边吃饭一边看报纸就开始问："你一边吃饭一边看报纸会不会把报纸也吃掉啊？"有些问题常常让爸爸妈妈觉得很可笑。但是，每次在凡凡提问的时候，爸爸妈妈总是会认真回答。

有一次，凡凡从幼儿园回来后，问道："妈妈，今天我们老师讲了恐龙的故事，恐龙是会下蛋的，恐龙那么厉害，那它的蛋会不会像大石头一样厉害呢？它的蛋会比鸵鸟蛋还大吗？"妈妈听完凡凡的问题之后，觉得自己确实也说不清楚，但是这些问题都可以从资料上找到答案，于是就对凡凡说："妈妈也很想知道呢，不如凡凡找找答案，然后告诉妈妈，好吗？"听到妈妈这样说，凡凡来了精神。在妈妈的帮助下，他们从网上找到了关于恐龙蛋的资料，自然就解决了凡凡的问题。

总之，在孩子处于文化敏感期的时候，孩子每天就像是十万个为什么一样，随时随地都会有无穷的问题。对此，父母要为孩子创造宽松的家庭氛围，鼓励孩子提出问题和各种新颖、独特甚至有点儿可笑的创造性设想，千万不要阻挠孩子的自由发挥。父母应该告诉孩子：做任何事情都没有标准答案，以此消除孩子对书本、大人的依赖。在日常生活中，鼓励孩子自主活动，独立办事，鼓励孩子用新办法来解决问题。